斉藤章佳
精神保健福祉士
社会福祉士

「小児性愛」という病

——それは、愛ではない

ブックマン社

はじめに

子どもが暴力の犠牲になる――それだけで痛ましいことです。

その加害者が大人であれば、なんて卑劣なことをしたのだという誹《そし》りは免れないでしょう。大人と子どもには圧倒的な力の差があります。それは体格や腕力の話だけではありません。子どもは社会的にもひとりでは生きていけない、弱い存在です。大人から子どもへの暴力は、圧倒的な権力関係のもと、その弱さにつけ込んで行われるものだといえます。

虐待、ネグレクト、体罰など暴力にはいろいろなかたちがあります。身体が小さく体力のない子どもだけに、命を落とす危険もあります。そうなってはじめて、大人からの暴力が発覚することは少なくありません。子どもは自分が何をされているのか理解できなかったり、暴力を受けることに疑問を持たないようコントロールされていたり、被害を訴える術《すべ》を知らなかったりするため、長期的にその暴力に晒《さら》されやすいのです。そうなるよう加害者の大人が仕組んでいるからです。

そのなかでも性暴力、性虐待は特に深刻です。これもその内容は強制性交、強制わいせつ、児童ポルノ、児童買春、盗撮など多岐にわたります。性を使った暴力は成人が対象でもタブー視されがちですが、相手が子どもとなるとその忌避《きひ》感は飛躍的に増します。

子どもを性の対象として、性的接触や性行為を強いる者らは、これまで「小児性愛者」と呼ばれてきました。いまでもそのように言い表されているものを多く見聞きします。

しかし、よく考えてみてください。子どもに与えられたものは〝愛〟ではなく、暴力です。加害行為であり、搾取《さくしゅ》であり、心と身体を踏みにじる行為で、人権そのものを侵害しています。子どものその先の人生を大きく変えてしまうかもしれないほどの、苛烈《かれつ》な暴力なのです。

これを〝愛〟といってしまうのは、加害者視点からの発想でしかないと私は考えます。彼らは「純愛だった」「かわいくて仕方がなかった」と子どもへの愛着や好意をあくまでも肯定的な意味として口にします。そうやって子どもを愛していると錯覚しながら、性加害行為をくり返すのです。

近年は、被害者支援、加害者臨床のどちらの場でも「小児性犯罪」「小児性暴力」など、愛情や好意といった親和的な要素を払拭した表現をするのが常識となっています。報道などでも早くこの表現が定着してほしいものです。

しかしながら、彼らの問題はそれを〝愛〟だと心から思っているところにあるのも事実です。これから1冊を費やして解き明かしていくことになりますが、彼らには認知、すなわち物事の見方、考え方、捉え方に大きな歪《ゆが》みがあります。彼らは「子どももよろこんでいる」「僕たちは愛し合っている」という思い込みをもとに加害行為に及び、それをくり返します。

彼らの問題行動の背景には、精神疾患があります。日本語では小児性愛障害といわれていますが、英語ではPedophilic Disorder、またはPedophiliaといわれ、この「ペドフィリア」という語のほうが馴染《なじ》みがある人も多いでしょう。また、加害行為を何度も何度も反復するのは、性的嗜癖《しへき》行動の側面があるからです。嗜癖とは、わかりやすくいえば依存症のことです。

「病気だから仕方ない」「好きでこんな病気になったわけではない」と彼らはいいます。その主張自体には一理ありますが、専門治療における診断や治療は、こうした〝言い訳〟に使われるためにあるのではなく、治療につなげ、問題行動の再発を防止するための訓練を受け、親密で対等な人間関係とは何かを学び直し、これ以上被害者を出さないためにあります。

私が所属する榎本クリニック（東京都豊島区）では２００６年に、反復する性的逸脱行動、なかでも痴漢や盗撮、強制性交や強制わいせつといった性犯罪をやめられない人を対象に専門外来を開設しました。対象は主に出所後の性犯罪者で、当時日本ではじめての試みでした。そこで行われるのはＳＡＧ（Sexual Addiction Group-meeting）と通称される治療プログラムで、最初は３名の性犯罪者からスタートしました。性犯罪前科のある者たちの受け皿となり、再発防止のためのスキルを身につけることや薬物療法、社会でのやり直しのための地域への再統合支援を最大の目的としています。

当初から、子どもに性加害をしてきた者らもそのなかに含まれていました。しかし残念なことに、治療が長続きせずドロップアウトする例が少なくありませんでした。数ある性犯罪のなかでも、子どもへのそれは、常習性と衝動性において別格だといえます。ほかの性加害者からも「あれよりはマシ」「脳が完全におかしい」など、自分のことを棚に上げて見下される傾向にあり、それが本人たちにとっては、グループセッションの場で自分がしてきたこと、そして自分自身と向き合う行程の妨げになります。

そこで、２０１８年にＳＰＧ（Sexual Addiction Pedophilia Group-meeting）という、小児性愛障害と診断され、子どもへの性加害を経験した者に特化したプログラムを始めました。１年以上が経《た》ち、治療への定着率は確実に上がっています。こうしたことからも、子どもへの性犯罪はほかの性犯罪と同列で扱えないものがあると感じます。

これまで当クリニックでは、１５０人以上が小児性愛障害と診断され、通院して治療に臨みました（２０１９年９月末）。本書ではそのデータをもとに、まずは子どもに性加害をくり返す者はどんな人物であり、どのような背景があるかを探ります。その病理に光を当て、加害行為を「やめ続ける」ための方法を解説します（ただし、本文中のデータは2019年5月末までのものを使用しています）。

本書では、家庭内性虐待の加害者は含みません。

正確な統計はありませんが、長年にわたる加害者臨床の経験から見えてきたのは、家庭内で血縁関係のある自身の子どもに性加害をする者は、家庭外の子どもには性加害をしないということです。逆もまた然《しか》りで、家庭外で子どもに性加害をする者は、血縁関係のある自身の子どもには手を出しません。ただし妻の連れ子に性加害を行う者は、家庭外でも性加害をしていたケースが少数ありました。

正確な調査、統計は見当たらないので、これがすべての小児性犯罪のケースに当てはまるかどうかはわかりません。しかしクリニックに通っている者は、本人らのいうことを信じるなら、自身も幼いころに妹や弟に性加害をした、親戚の子どもに性加害をしたというケースはあるものの、自身の子どもに性加害をした者は現在までのところいません。

なぜこのような現象が起きるのかは各方面での研究が待たれるところですが、本書では、家庭〝外〟での性加害をくり返してきた者のみに焦点を当て、子どもに性加害をするのはどういう人物なのかを探っていきます。

また、本書では男性の加害者に限定してお話をします。女性の加害者もいないはずはなく、実際、幼少期に女性から被害を受けた男性の話も聞きますし、クリニックに通うなかには、母親からの性虐待を経験している者もいます。

しかし小児性犯罪に関する統計を見れば、加害者の男女比において男性がほとんどすべてを占めることは明らかです。女性加害者は超レアケースです。数が少ないから無視をするのではなく、「女性加害者もいる」という前提に囚《とら》われすぎると、事の本質からずれてしまうと感じます。

さらに私は治療で彼らと接していて、彼らの〝男性としてのパーソナリティ〟がこの子どもへの性嗜好と密接に関係していると感じます。女性の加害者については別途、研究されるべきでしょう。

私は、100人を超える子どもへの性加害者らと関わってきて、彼らも私たちと変わらない、同じ〝人間〟だと考えるに至りました。決して性欲が抑えられないモンスターではありません。

それは、「自分自身にも知らないうちに子どもに性加害をしてしまう可能性がある」ということです。多くの人にとっては、考えるだけでおぞましいことでしょう。しかし、そのプロセス抜きには子どもへの性暴力撲滅を考えられないと断言できます。

子どもへの性加害、つまり小児性愛障害は、社会のなかで学習された行動です。大げさかもしれませんが、いまの日本社会が「ペドフィリア」を生み出し続けているといっても過言ではありません。

すなわち社会を構成するひとりひとりが、子どもへの性加害と、それをくり返す加害者の正確な実態を知る必要があるということです。

尚、本書には、性被害・加害の具体的な描写が出てきますのでご注意ください。

目次

本書に登場する人物の名前や環境などはその本人と特定できないように一部変更しています。ご了承ください。

第1章

純愛幻想と飼育欲――その身勝手な論理

＊＊＊＊＊＊＊＊A　男性・32歳

今日のXは最初からすごく積極的だった。「胸、大きくなったね」というと困ったような顔をしていたけど、あれは恥じらってみせて僕を誘っていたんだな。

触り始めると最初は身をよじっていたけど、僕にはわかる。触ってもらって気持ちよくなってきてるんだよね。でも、この関係が周りにバレてはいけないから、素直になれなかったのかな。本当は乱れたいのに我慢しなきゃいけないもどかしさが、かわいくてたまらない。ここまで調教してきた甲斐《かい》あって、すぐに僕にすべてを預けてくれた。僕もズボンとパンツを下ろして性器を見せてあげた。

エッチなことをしたいっていうのは本能だから、子どもだって触られるとだんだんと気持ちよくなる。こんな当たり前のこと、どうしてみんなわからないんだろう。エッチは頭でするものじゃない。気持ちよくなるのに、理性は邪魔だ。子どもはまだ理性がきかないから、本能に訴えたらXのようにあっという間に虜《とりこ》になる。

Xが急に腰を上げたと思ったら、イッていた。まだ自分から「イク」と伝えることはできないらしい。でもこんなに簡単にイクなんて、ずいぶん成長したね。Xはどんどん僕好みの女の子になっていく。

帰り際、声を潜めて「ママたち、先生が女の子みんなにヘンなことしてるの知ってるよ。こないだママ同士で話してたよ」と教えてくれた。もっとしっかり秘密を守るよう僕に注意してくれたのかな。それとも、ほかの女の子にもしていることを知って、嫉妬しているとか。なんて愛おしいんだ。

少し時間をあけてXの欲望が高まってきたころに、またしてあげよう。


これは、塾講師という立場を利用し、小学校中学年～高学年の女子児童複数人に性加害をしていた男性の日記です。彼は加害行為をするたびに、どの子にどんなことをしたかを詳細にノートに書き留めていました。

ひとりの子の親が被害を訴えたことで、強制わいせつ罪の疑いで逮捕されました。ほか複数人の子に対する被害も確認されましたが、彼は勤め始めてから2年のあいだ頻繁に加害行為をくり返していたので、明るみに出ていない被害はまだたくさんあると思われます。

彼の綴《つづ》った言葉を読んで、多くの方がおぞましいと感じたはずです。そんなわけないだろう！　と怒りに震える方もいるでしょう。その感覚は、正常だと思います。

彼がしていたのは、明らかに加害行為です。子どもに肉体的・精神的に後々まで残る多大なダメージを与えました。けれど彼が見ていたのは「子どもから求めてきた」「子どもはよろこんでいた」という光景。事実とは、正反対です。

被害児童は彼にされたことを苦痛や恐怖に感じていたことがわかっています。痛みに耐えて歯を食いしばり、恐怖で身体が硬直し、目には涙がにじむ……彼はそんな様相を見て「僕を誘っている」「感じている」「イッた（オーガズムに達した）」と興奮していたのです。

Aの認知と現実とのあいだには、埋めようのない齟齬《そご》があります。なぜこんなことが起きているのでしょうか。

クリニックで子どもへの性加害経験者からヒアリングしていると、これは性加害をする者なら誰もが持っている、特有の思考の歪みだと実感します。Aというひとりの男性だけに起きた特異な現象ではありません。

こんなふうに語る者もいます。

＊＊＊＊＊＊＊＊＊B　男性・49歳
私とYちゃんはつき合っていました。恋人同士だったんです。Yちゃんは16歳になったら私と結婚するつもりでいました。いえいえ、はっきり言葉にしなくてもわかりますって。愛し合っているなら当然のことでしょう？

そりゃセックスもしましたよ。恋人同士ですもん。

それを周りの人たちが、ぶち壊したんです。私がロリコンで、Yちゃんは被害者だといって引き離したんです。私はそんな人たちによって犯罪者にさせられました。おかしいのはどっちだっていいたいです。Yちゃん本人に聞いてください。彼女、悲しんでいるだろうなぁ。


12歳の女子児童と交際していると思い込み、性加害をした49歳男性のケースです。女子児童の側には、交際しているという認識はありません。怒ると声を荒らげるBが怖くて、いわれるがままになっていたのだとわかっています。

子どもが、ずっと年齢の離れた大人に好意や恋愛感情を抱くということは、ないわけではないでしょう。しかしそれに乗じて性行為をするのは、間違っています。12歳は性交同意ができる年齢ではないとされています。それが14歳や16歳ならいいという話ではなく、子どもの心身の成長や性についての理解度に見合わない性行為を大人が求めることは、あってはなりません。

事実、Yちゃんという女子児童は身体と精神のバランスを著しく崩しました。母親がその異変に気づき、原因を聞き出して加害行為が発覚し、事件化しました。彼女はようやく悪夢のような時間から解放されましたが、Bのなかでは「女子児童と相思相愛で、交際していた」という現実がいまでも続いています。

性加害をする者が、自分がしたことに対して子どもが見せる反応をどこまでも都合よく解釈する様子が、AやBのケースからわかります。

「子どもは黙って受け入れてくれていた」——みずからの加害行為を振り返り、そう主張する者は多いです。だから自分がしたことは暴力ではなかったという認識でいます。彼らのほとんどは、黙る＝受容だと考えているのです。

本人にとって都合のいい〝認知の歪み〟

子どもが加害行為中に抵抗しなかったのは受け入れていたからでは断じてなく、恐怖によって全身が凍りついて動けなかったから、という可能性が高いです。これを「フリーズ（凍りつき）」といいます。意識はあるけれど筋肉が硬直して身体が動かない、発声が抑制される、痛みを感じにくくなる……などといった状態です。

フリーズの概念は心理学や被害者支援の現場では広く知られていて、性別、年齢を問わず性暴力被害者に広く見られる現象だとわかっています。最近ではTonicimmobility（擬死反応、強直性不動状態）という言葉で表されることもあります。

スウェーデンで、レイプ被害女性のための救急クリニックを訪れた女性を対象に調査したところ、レイプ被害者の70％にこのフリーズが見られたことが明らかになりました。抗《あらが》うことができない、抗うと何をされるかわからない状況下で暴力に晒《さら》されたときに凍りつくのは、正常な反応だということです。

まして大人と子ども、全力で抵抗したところで体格の差も腕力の差も歴然としています。身体をこわばらせるのが精一杯なのに、それを受容と思われてしまうのはたいへん理不尽なことです。

そうした思い違いが起きる原因のひとつに、フリーズという現象がまだ世間一般に周知されていないことが挙げられます。

性犯罪、特に強制性交等罪をめぐる裁判で、被告が「相手が抵抗しなかったので、受け入れていると判断した」「嫌がっているなんて思いもよらなかった」と主張するのはよくあることです。その主張が通って無罪となった例は、非常に残念なことに数えきれないほどあります。

被害者は「性交したくなかった」「性交に同意していなかった」けれども、恐怖で身体が動かなくなった……。しかしこれを証明するのは容易ではありません。明らかな暴行・脅迫がなくとも、加害者が被害者にとって逆らえない人物であれば何もしなくても抵抗を封じられます。ゆえに、被害者支援の現場では「なぜ逃げなかったの?」と聞くことはありません。それは逃げられないのが当たり前だからであり、問うこと自体が被害者の自責や、さらなる傷つきにつながるからです。

しかし、フリーズしたという事実が被害者をさらに厳しい状況に追い込みます。抵抗できなかった理由を示したくともそれは非常にむずかしく、結果、現在の法律では無罪判決になる可能性がかなり高いといえます。「恐怖でフリーズする」という被害者の実態が知られない限り、これからも加害者に有利な判決は出続けるでしょう。

被害者が13歳以下であれば、暴行・脅迫の有無は問われません。性的同意の判断ができないとされている年齢なので、抵抗があってもなくても、強制性交等罪、強制わいせつ罪だと見なされます。が、子どもの反応を勝手に歪め、無言をOKと解釈するのが、加害者の典型的な思考パターンだということは、もっと知られるべきです。納得のいく判決が出たからといって、被害を受けた事実がなかったことにはなりません。

受け入れられた、と感じているくらいですから、加害者たちは自分がしていることを

「悪いこと」「相手を傷つける行為」だとは思っていません。だからAやBのように、「子どもから求めてきた」「子どもはよろこんでいた」と主張するのです。

何が彼らにそう思わせるのでしょう？

それは、子どもと性行為をしたいという強い欲求です。欲求を具現化し、完遂するために、認知――みずからが見ている現実や感じていることを、歪ませます。目に映っているのは恐怖でフリーズしている子どもでも、彼らは「黙って自分を受け入れてくれた」と思い、痛みで目に涙がにじんでいるのを「目をうるませて感じている」と受け取る。そしてとてつもない恐怖に怯《おび》えている表情を見て、「かわいい」「愛おしい」と認知するのです。

私たちはこれを、〝認知の歪み〟と呼んでいます。

その定義は、「性的嗜癖行動を継続するための、本人にとって都合のいい認知の枠組み」です。

先述のとおり、本人たちは子どもへの性加害をしたくてしたくてたまらないわけです。しかも、くり返し何度でもしたいのです。しかし、自分のなかにも「逮捕されれば一巻の終わりだ」「この子が誰かに話してしまうのではないか」という恐怖があり、それが多少なりとも実行を妨げます。「そもそも許されないことだ」と罪悪感を抱きながら実行する者、終わった後に「これを最後にしよう」と後悔する者もいます。

人は、やってはいけないと思いながら何かを行うときに苦痛を覚えます。背徳感を刺激されたと感じる者もいるでしょうが、それにも限度があります。

そこで自己や自分がしていることを正当化し、「自分は間違っていない」「何も悪いことをしていない」と認知を歪めます。子どもが求めている、よろこんでいるという、自分にとってだけ都合のいい現実をみずから作り上げるのです。

普通の人の耳にはふざけているとしか聞こえなくても、当人にとっては長年かけて育んできた思考体系なので、大真面目《おおまじめ》にそう思い込み、問題行動をくり返します。

ハラスメントやＤＶをくり返す人にも特有の認知の歪みがあり、性暴力をくり返す人にも当然あります。強制性交や強制わいせつ、痴漢、盗撮、露出……それぞれに特有の認知の歪みがありますが、「相手はよろこんでいた」「向こうから誘ってきた」などは、どの性暴力にも共通しているといえます。

そのなかでも子どもへの性暴力をやめられない人たちには、ほかに見られない独特の歪みがあると感じます。

身勝手な〝認知の歪み〟のバリエーション

ここからは、私がクリニックで実際に加害経験のある当事者から聞いたものを挙げていきます。認知の歪みとひと口にいっても、いくつかのカテゴリーに分けられますのでそれに沿って紹介しましょう。

被害者の自己責任にする

・あんな暗い夜道をひとりで歩いているから、触りたくなったんだよ。
・子どものほうから誘惑してきたから、自分はそれに応じただけ。
・大人とセックスしたがる子ども、セックスが好きな子どももいるからね。

自分が起こした問題行動の原因が、ほかならぬ被害者にある――これは子どもに加害した者に限らず、多くの性暴力加害者に共通して見られるものです。

こちらをチラチラ見ていたから、お酒に酔っていて隙を見せたから、痴漢が多いという噂《うわさ》の車両に乗ってきたんだから……と性倒錯の種類によってその内容は異なり、それぞれにバリエーションは豊富にあります。

年齢にもよりますが、被害を受けたなかには「自分が何をされたかわからない」という子どもが少なくありません。性についての知識がまだないので、性的接触による加害行為に晒されても、はっきり被害を認識できないのです。彼らはそこにつけ込んで加害するにもかかわらず、自分は誘われたという捉え方をしています。知識がない子どもたちが「誘惑する」「セックスが好き」というのは論理的に無理があると誰でもわかるはずです。

また被害者の「落ち度」を理由にするのも、認知の歪みのひとつです。実際には落ち度でもなんでもなく、被害者はそこをたまたま歩いていただけだったり、たまたまその服を着ていただけだったりするのですが、加害者の認知では「性的接触をしていい理由」になります。

子どもの振る舞いを理由に、子どももセックスしたがっている、子どものほうから誘ってきたという認知については、次のようなケースがあります。

＊＊＊＊＊＊＊＊C　男性・55歳

私が子どもに手を出したなんて、とんでもない。子どものほうから「おじちゃん、ちんちん見せて」といってきたんです。あのくらいの年齢の子だって、エッチなことに興味津々なんですよ。親や先生にはいわないだけで。

だから私はズボンを下ろして見せてあげたんだ。そしたら食い入るように見るんですよ。そこで冗談で「舐《な》めてみるかい？」っていっただけです。私だって子どもに泣かれるのは嫌ですから、無理矢理になんてさせませんよ。

小学校低学年の女子児童に何度も口腔《こうくう》性交を強いた男性の弁明です。子どもがその行為のきっかけを作り、自分は子どもの求めに応《こた》えただけというのが、彼の認知です。

個人差は大きいですが、子どもにも多かれ少なかれ性的関心はあるでしょう。しかし、それは大人と同じものではありません。それぞれの成長段階に応じて、変化していくものです。

「性的関心がある」と「性的接触をしていい」のあいだには、大きすぎる飛躍があります。それを歪んだ認知によって一瞬で飛び越えて、彼らは子どもに対し行動を起こします。子どもらしい好奇心を利用し、ときには誘導して子ども自身が望んでいるように思い込ませたうえで、ひとりよがりな欲望を果たすのですから、卑劣《ひれつ》としかいいようがありません。

子どもの無知、弱さを利用する

- 親にバレなければずっとこの遊びを続けていられるから、口止めはしておかないといけないよね。
- この子が誰にも話さなければ、ずっと気持ちいいことを続けられる。
- 口止めさえしておけば、素直な子はずっといたずらをしても秘密にしておいてくれる。
- 小学校低学年なら何をされているのかわからないから、いまのうちにいたずらしておくことにしよう。

・何をされているのかわかっていない、その表情がすごくかわいいんだ。

このように、自分が子どもより圧倒的に「上」の立場であることを熟知したうえで、子どもの知識のなさ、弱さにつけ込みます。彼らが恐れるのは、周囲の大人に発覚して逮捕されること。それを避けるには、口止めが必須です。ときにやさしく諭《さと》すことで、ときに脅すなどして恐怖を与えることで、誰にもいってはいけないと子どもにいい聞かせます。それでいながら彼らのなかでは、「子どもがこの関係を続けたがっているから、自分がそのためにすべきことを教えてあげる」と変換されています。

また、子どものときの記憶は一時的に忘却してしまうケースも多いため、そこを逆手に取って悪用しようとする加害者もいます。

＊＊＊＊＊＊＊＊D　男性・32歳

私の対象は、小学校に入る前くらいの子です。3歳くらいが一番ですね。そんな小さい子の何がいいのかとよく聞かれるのですが、これは私なりのやさしさなんですよ。そのくらいのときの記憶ってあります？　私はほとんどないんですよね。だから、私と関係を持った子たちも、おそらく覚えていない。されたことの記憶がないまま大人になれるんですから、お互いにとってメリットがあるってことですよ。

これを聞いたとき、私は絶句してしまいました。

そのくらいの年齢の子だと、何をされたのかはまったく理解できないでしょう。ただただ恐ろしく、混乱したはずです。それを忘れるということは決してなく、その記憶とともにその後の人生を歩んでいくことになります。

思い出すと生きていけないという理由から、記憶が封印されることはあります。しかしそれは忘却ではなく、ずっと後になってから思い出すということもめずらしくないのです。何らかの引き金に出くわして予期せぬタイミングでフラッシュバックが起き、記憶がよみがえります。それまでに20年、30年という月日がかかることもあります。そして記憶が戻ったのを機に、被害者の精神はみるみるうちに崩壊していきます。

幼いころの被害体験がいかに人の心に傷を残すか。これを彼に考えさせるには、この強固な歪みに気づかせるところからはじめなければなりません。Dは10年にもわたって何人もの子どもに加害行為を続けてきました。その間、加害行為をすることで歪みが一層強化され、また次の加害行為へと駆り立てられる……ということをくり返してきたため、一筋縄ではいきません。本人は、自分の歪みを見たくないのです。

カウンセラー・公認心理師・臨床心理士の信田さよ子氏は、DVや家族間性虐待の加害者のカウンセリングもされています。そのなかで、小さな子どもに加害をしたある男性が、「3歳までは記憶がないから、何をしても大丈夫なんだ」と話していた、とネット番組で解説されたことがあります。

この発想はどこからくるのでしょうか。なぜ加害者は異口同音にそういうのでしょうか。強姦について、なんの根拠がないにもかかわらず世の中で当たり前のように広く知られている誤った知識を〝強姦神話〟といいます。たとえば「レイプとは、見ず知らずの人に突然襲われるもの」「挑発的な服装をしている女性がレイプに遭う」などが挙げられますが、すべて実態と大きくかけ離れています。このにわかに信じがたい発想は、痴漢や盗撮の常習者にも見ることができます。

子どもを性対象とする者たちのあいだにも「小児性〝愛〟神話」のようなものがあるのではないでしょうか。「3歳までの子どもは被害に遭っても覚えていない」もそのひとつだと推測できます。こうした神話は、各種メディアを通じて共有されている可能性があります。たとえば児童ポルノを媒介にして、子どもの性被害と記憶についての誤った知識が広まっているかもしれない……非常に恐ろしいことです。

●これは純愛だ！

・そもそも僕とあの子は純愛で結ばれているんだから、誰に何をいわれる筋合いもない。
・自分たちは互いに愛し合っている、恋愛関係にあるふたりが性的な関係を持つのは自然なことだからね。
・傷つけようと思ったわけではない、自分なりの愛情表現だよ。
・たまたま性対象が子どもなだけで、別に悪いことをしているわけじゃないから。
・挿入は犯罪だからしてはいけないと思うけど、性器を触るくらいなら相手も徐々に気持ちよくなるからいいよね。

これらは、成人女性を対象とした性暴力ではほとんど見られないタイプの、認知の歪みです。子どもとは無垢《むく》な存在であり、そんな子どもと自分は恋愛関係にある。それは成人女性との恋愛と比べようもないほど純度が高く、だから自分と子どもとの関係は特別なものである……という幻想のようなものがあります。

先に挙げたBのケースも、ここに当てはまります。ほかにもクリニックで「僕と彼女とは純愛だったんです」と話す加害経験者は、これまで何人いたのかわからないほどです。

追って詳しく解説しますが、子どもへの性加害は、面識のない子に対して計画的に行う者もいる一方で、ある程度の時間をかけて関係性を築いたうえで行う者もいます。

子どもを教育、指導する職業、つまり教師や塾講師、保育士、スポーツインストラクターなどに就いていると関係性を築きやすいでしょう。彼らは、子どもに必要以上に接近し、身体接触をしようと試みます。子どもの警戒を巧みに解き、過剰に気にかけます。ほかの児童と明らかに違う、特別扱いする場合もあります。

その過程で「これは純愛である」という歪んだ捉え方を内面化し、それをほとんど疑うことなく育んでいきます。そして、その問題行動をくり返せばくり返すほど、歪みは強化されていきます。逮捕されるなどのきっかけがない限り、目が覚めることはないのです。

その瞬間から、僕の感性は変わりました。

これが本当の恋愛というやつであり、とても心が温まり、楽しくて切ない……とにかく、そんな気分を人生で初めて味わいました。

（中略）

その家のベランダで、またしても股間を触ったりしていました。今思えば、女児の股間を触ってばかりです。懐かしいというか、温かくて感触が良いためでしょうか。癒されます。

頬にキスをすると、耳を向けてきました。どうやら耳のほうもキスしてほしいらしかったです。そうして股間をさわりながら僕は、自分のものをしごき、出しました。

それというのも、家族がすぐ近くにいるので、脱がせるわけにもいかず、できることといえば、それくらいだったためです。

（中略）

ですが僕はここで、初めて純愛の方向に目覚めたのです。

――雲『小児性愛者だった僕』からの一部抜粋

同書を記した男性は、10代半ばから自身の性対象は子どもであると自覚していました。20代で親戚の4歳女児に強制わいせつに相当する加害行為を行い、買春のため東南アジアに渡ります。

ここで描かれている、〝純愛〟の相手は9歳。彼は女児の親と親交があり自宅に出入りしていたため、女児も信頼していたようです。やさしいお兄ちゃん、という感覚だったのかもしれません。

その親しみを利用して、性的な行為の意味をまるでわかっていない子どもに性加害を行うのは、大人がすることではありません。この時点では嫌がっていなかったとしても、成長してその意味がわかったときに想像を絶するほどのショックを受けるでしょう。

このように子どもからの人気や信頼を巧みに獲得し、それに乗じて加害行為をするのは彼らの常套《じょうとう》手段です。

本人のなかでは「自分が愛情を示し、子どもはそれを受け入れてくれた」というストーリーができ上がっています。自分たちのあいだにはたしかな愛情がある、自分はその子をとても大事にしている……と現実を歪めて捉えていきます。子どもからしてみると信頼していた大人からの加害行為なのですから、悪質としかいえません。

なかには、交際していると子どもに思い込ませるケースもあります。「彼氏、彼女の関係だった」とクリニックでもよく聞きます。つき合っているのだからセックスをするのは当然だと、ここでも子どもの無知につけ込むわけです。「ふたりだけの秘密の関係だよ」「周りに知られたら別れさせられる」「ふたりともひどい目に遭う」などといって、口外しにくい状況を作っていくのです。

もっともこの種の認知の歪みを持っている者は、好きだ、純愛だといいながら、子どもが嫌がったり避けたりしても、「素直じゃない」「本当は好きなくせに」「だから自分からやってあげなきゃ」となるので、実際には子どもの本心はどうでもよく、ただ子どもと交際しているという幻想に酔い、それを子どもに押しつけているだけなのは明らかです。

●子どもを〝飼育〟したい

・いずれセックスを経験するのだから、自分が先に教えてあげただけなんだよ。
・性教育の一環で、身体がどんな反応をするか教えてあげようと思った。

・最初は嫌がることもあるけど、何回か触れ合っているうちにお互い気持ちよくなってくるもんだよね。

これらも、子どもに性加害をする者らに特有の認知の歪みです。子どもは何も知らない、まっさらな存在。だから自分が教えることで肉体的にも性的にも成長させてあげたい……本書ではこれを彼らの言葉を借りて〝飼育欲〟と呼ぶことにします。

Ｐ12のＡは加害を記録した日記のなかで、「開発する」「僕が育てる」という言葉を好んで使っていました。まだ肉体的にも性的にも未熟な子どもの快感のスイッチを自分の手によって見出し、絶頂感を味わえるようになるまで根気よく導く、という意味で開発という語を使っていたようです。

彼は現在受刑中ですが、いまでも自分が加害した女子児童らに対して「○○ちゃんは、元気ですか？　ずいぶんと成長したでしょうね」とその成長を気にしています。自分こそがその子の尊厳を傷つけ成長を妨げたのだという自覚はほとんど見られません。

ほかの加害経験者からは、「理想の女に育てたかった」という発言がありました。本人は自分と子どもが「源氏物語」の光源氏と若紫にでもなったつもりでいるのかもしれませんが、多くの場合、子どもは成長どころか長期にわたるダメージを受けることになります。

彼らが捉えている現実と被害者にとっての現実のあいだには、絶望的なほどの隔たりがあります。

育てるというだけあって、このタイプの認知の歪みを持った加害者は、ひとりの子どもにくり返し加害をする傾向にあります。それができるのは、一定レベルの関係性を子どもとのあいだに築いているからです。多くは上下関係、つまり「支配－被支配」の関係ですから、巧妙に口止めすることで発覚しにくくなります。それが加害者の目には従順だと映り、飼育欲にますます拍車がかかります。

クリニックに通院する者たちから話を聞いていると、彼らにとって対象となる子どもはある意味ペットのような存在なのだと感じることがあります。自分より圧倒的にか弱く、それゆえの愛情もある。自分のいうことはなんでも聞くよう育てたいし、それができる子どもは一段と愛おしい……。一方で、かわいい存在をいたぶり傷つけてストレスを発散したいという欲望も見え隠れします。人格を持って生まれ、これからその人格を育てていくひとりの人間としては見ていません。

ところで「開発する」というのは、小児に性的関心のある人たちだけが使う言い回しではなく、成人同士の関係でもよく使われているようです。性的に熟練した側が未熟な側をリードするということ自体はおかしくなくとも、本来なら双方向的である性的コミュニケーションにおいて、とても一方的な印象を受けます。

そもそもこうしたフレーズを好んで使う人は、他者の性感を〝開発〟できるほど性の知識が豊富で技巧に秀でているのでしょうか。ただ、相手より性的に優位にいることを示したいだけではないでしょうか。

しかし、大人は子どもよりあらゆる意味で〝優位〟に立っています。彼らはその優位性を最大限活用して、〝開発する〟という幻想に子どもを無理矢理引き込んでいるだけです。

●児童ポルノは必要だ

- 現実の子どもには害がないのだから、まったく問題ないよね。
- 現実とファンタジーの区別はついている。児童ポルノを見ているからといって、実際の子どもを襲うなんてことはない。
- 児童ポルノがあるから現実の子どもにいかなくて済んでいるんだ。なければ、子どもへの性犯罪はもっと増えるはずだよ。

児童ポルノに関する認知の歪みについては、第4章で詳しく検証します。ここでは児童ポルノは小児性愛障害当事者の問題行動を抑制するものではなく、むしろリスクを高めるものだということだけを書き留めておきます。

小児性愛は権利である

- そもそもペドフィリアはＬＧＢＴと同じ文脈で語られるべきだよね。
- 大人の女性とセックスができないから、せめて子どもで性欲を満たしたくなる気持ちをわかってほしい。

子どもに性加害をした経験があるといっても、成人女性も性の対象となる者と、子どもだけに限られる者がいます。後者は特に、みずからの苦悩を大きなものだと感じています。人は自分の恋愛対象、性対象を求めずにはいられないものですが、彼らの場合、行動化すればそれは自分よりずっと弱い者への加害行為となり、対象の心身に著しいダメージを与えます。

そうした存在に社会が向ける目はとても厳しいもので、自分でもどうにもできない苦しさに苛《さいな》まれることは容易に想像がつきます。それでも子どもに性的接触をする権利、子どもに性行為をする権利などありません。それは性暴力でしかないからです。

インターネットの世界を中心に「これからはＬＧＢＴではなく、ＬＧＢＴＰＺＮの権利が認められるべきである」という言説があるそうです。ＰＺＮとはＰ（Pedophiliac ＝小児性愛障害)、Z (Zoophilia =動物に対する性的嗜好)、N (Necrophilia =死体に対する性的嗜好) のことで、LGBTと同じく性的マイノリティで生きづらさを抱えているためその権利は認められるべきだという主旨です。

すでに休刊した雑誌「新潮45」は、ある文芸評論家による次のような持論を2018年10月号に掲載しました。

「LGBTの生き難さは後ろめたさ以上のものなのだというなら、SMAGの人達もまた生きづらかろう。SMAGとは何か。サドとマゾとお尻フェチ (Assfetish) と痴漢 (Groper) を指す。私の造語だ」

これに対して各界から批判が寄せられたのは、しごく当然のことです。彼の論は、さらにこう続きます。

「満員電車に乗った時に女の匂いを嗅いだら手が自動的に動いてしまう、そういう痴漢症候群の男の困苦こそ極めて根深かろう。再犯を重ねるのはそれが制御不可能な脳由来の症状だという事を意味する。彼らの触る権利を社会は保障すべきでないのか。触られる女のショックを思えというか」

このときは痴漢でしたが、ここを子どもへの性加害行為に置き換えても文芸評論家氏の論は成立しますし、どちらにしろ無茶苦茶です。人に加害をする権利など、どうやっても認めることはできません。こうした主張には、被害者の存在が完全に抜け落ちています。恋愛やセックスの対象が異性でも同性でも、性別に違和があってもなくても、そこに被害者となる存在はいません。小児性犯罪や痴漢とは、そこがまったく違います。

同時に性被害を「たいしたことない」と考え、それによって受ける傷をあまりに小さく見積もりすぎているとも感じます。要はその実態を知らないということです。

そして「指向《しこう》（どの性別の人間を恋愛、性愛の対象とするか。恋愛・性愛の対象がない場合も含む）」と「嗜好《しこう》（何に対して性的に興奮するか）」の区別がついておらず、同性愛や両性愛も「性的欲求の問題」だと誤解しているのだと思われます。子どもと性行為をしたいというのは、いうまでもなく〝嗜好〟の問題です。

この背景には、「男性の性的欲求は誰かに受け止めてもらうべきもの」という発想があるように思います。だからこそ「大人の女性とセックスができないから、せめて子ども」という認知の歪みを持つ者も出てきます。女性も子どもも、男性の性欲を受け止めるために存在しているわけではありません。それだけでなく、子どもという絶対的に弱い存在を使って性欲や支配欲を満たそうという考えには大きな歪みが見えます。

自身の嗜好や欲求でしんどい、生きづらい思いをしていたとしても、それは自分自身でなんとかすべきであり、そのために子どもを含む他者を〝使って〟はいけないのです。

究極の認知の歪み
・騒がれたら、殺してしまえばいいと思っていた。

こうして文章にするだけでもギョッとします。

私はこれまで、何人もの女性をレイプした凶悪犯や、何千人という被害者を出している痴漢、盗撮常習者などの治療に関わってきましたが、ここまで極端な発言は聞いたことがありません。

子どもへの性加害経験者全員がこのように発言するわけではありません。しかし私はクリニックで少なくとも数人から同様の発言を聞いているため、これを子どもに性加害をする者特有の認知の歪みと考えています。

子どもが犠牲になった国内の事件で最も有名なものといえば、東京・埼玉連続幼女誘拐殺人事件を挙げる人が多いと思いますが、宮崎勤《みやざきつとむ》死刑囚（2008年に執行）はわいせつ目的で誘拐した子どもを「シクシク泣き出したため、もっと大きく泣かれると困るので、その場で殺そうと決心」したと供述しています。そして小さな少女4人の命が彼の手によって奪われました。

クリニックに通うなかには、実際に殺人歴のある者はいません。「殺してもいい」と考えることと、本当に殺害することのあいだにも決定的な距離があります。とはいえ、このような発言が出てくること自体、見過ごせないと私は考えます。

子どものことをペットのように都合のいい存在と見なし、その子が騒いで自分に不利な状況になれば殺してもいいと考える。これは、飽きたペットを簡単に捨ててしまう感覚にどこか似ているかもしれません。命の軽視です。

子どもを殺すことは成人女性を殺すよりずっと簡単なはずです。そんなことができてしまうほど弱い存在に対して、絶対的な立場から支配できる自分。この発言から、そうした支配－被支配の関係こそ彼らの求めるものなのだという解釈もできます。

強化されていく〝認知の歪み〟

子どもへの性的嗜好を持つ者が、たったひとつの認知の歪みしか持っていないということはあまりなく、だいたいいくつもの歪みが見られます。

最近では、行動化の段階において認知の歪みも連続性をもって変化すると考えられるようになりました。これを私は「認知の歪みのスペクトラム」と呼んでいます。どのように移り変わっていくのか、例をもとに考えましょう。

行動化前：自分は大人の女性に相手にされないから、子どもに手を出すしかないんだ。
行動化中：この子はまだ小さいのに、セックスが好きなようだ。どんどん気持ちよくなってきている。
行動化後：何をしても騒がなかったってことは、この子は自分のことが好きに違いない。ふたりは純愛で結ばれている！

このように、自分がしようとしていること、していること、してしまったことを、それぞれの段階で正当化しながら加害のプロセスを前に進めていきます。ひとつの歪みが次の歪みへとつながり、行動化に向けてどんどん背中を押されていきます。

行動化前の緊張や葛藤、行動化中の高揚感、行動化後の後悔や罪悪感、そしてその後にくる次の行動化への渇望《かつぼう》感……といった具合に認知の歪みが連動していくのです。もうひとつ例を挙げましょう。

行動化前：大人の女性とつき合うだけのステータスが僕にはないから、無条件に受け入れてくれる子どもとセックスするのは仕方ないよ。
行動化中：これはいずれ経験することだし、僕が先に教えてあげているだけなんだ。

行動化後：やっぱり今回も無抵抗だったから、あの子も僕との関係を望んでいたんだね！
　もっと素直に関係を求めてくれればいいのに、恥ずかしがり屋なんだなぁ。

対象行為が子どもへの性加害行為なので問題ですが、こうした心の動きは、実は誰にでもあるものです。

みなさんがダイエットするつもりだとします。けれど、やっぱり好きなものを食べたい。そんなときは、こう思うのではないでしょうか。

「明日からダイエットするから、今夜は焼肉を食べちゃおう！」

これは翌日からの食事制限に対する決意表明ではなく、いま高カロリーのものを食べる自分を正当化しているのです。完食したら「明日からダイエットがんばろう！」のひと言で、いま焼肉を食べたのを〝なかったこと〟にするでしょう。

このように、認知の歪みとは、子どもを性対象とする者たちだけが持っているものではありません。現実を自分の都合のいいように解釈し問題行動を継続することは、誰にとってもあらゆる場面で起きることです。もしかすると自分たちも、いまの時点でなんらかの歪みを抱えているかもしれません。そう考えると彼らを安易に「異常」と見なし、自分たちとは別種の人間と線を引いて遠ざけることはできないと感じます。

ひとりひとりの認知の歪みは、社会全体の歪みにつながります。

性犯罪において「原因は被害者にある」という考えは、小児性犯罪に限らず性暴力加害をした者に共通の、認知の歪みだと先述しました。しかしこれが彼らだけに限った話でないことは、性暴力事件について報道されると必ず、広く社会全体から被害者の落ち度を責める声が噴出することからもわかります。

女性の側に落ち度があったのではないか、男性が「誘われている」と勘違いしてもおかしくない行動をしていたのではないか、夜道をひとりで歩いていたのではないか、酔っ払っていたのではないか……。これらは性犯罪発生の原因を被害者に求める、いわゆる自己責任論であり、二次加害（セカンドレイプ）そのものです。

何度もくり返しますが、性犯罪が起きる理由は加害者にあります。家の鍵が空いていたからといって、空き巣に入るのは犯罪です。家の鍵を空けていた人が悪いと責められることは、まずありません。同じようにどこを歩いていても何を着ていても、性加害していい理由にはなりません。この考えが社会で少しずつ共有され始めてはいますが、いまだ被害者を責める声は大きいと感じます。

被害に遭ったのが小さな子どもの場合、その子自身の自己責任が問われることはほとんどありません。乱暴な言い方をすると「変態が子どもを毒牙にかけた」と思われる場合が、ほとんどです。低年齢であればあるほど、そうした声は上がりません。が、10代半ばになると事情が変わるようです。

2018年に有名タレントが自室に女子高校生を呼び出し、強制わいせつを行った容疑で書類送検されたときは、「自分から部屋に行ったのに被害者ぶるなんて」「有名人と近づきたかったくせに」と被害者が激しくバッシングされました。高校生ですから16～18歳、まだ子どもです。「キスされたくらいで騒ぎすぎだ」など被害を矮小化《わいしょうか》する声も多かったと記憶しています。こうしたセカンドレイプは、性加害者らが抱える認知の歪みとそっくり同じだと感じます。


被害に遭った子が低年齢であれば、その保護者、特に母親の責任が問われる傾向にあります。親が子どもをひとりにしているときに被害に遭えば「目を離していたからだ」、服装によっては「子どもらしくない、マセた服装をさせるから、加害者を刺激したんだ」などのように、子どもの被害の原因を作ったのは親であるといわんばかりです。

これも加害者にとって非常に都合のいい発想です。

2017年に発生した千葉小3女児殺害事件で強制わいせつ致死、殺人などの罪に問われている男性は、裁判員裁判で検察側に対して、「(被害児童の)親の責任です」「(親が)守っていればこんなことにはならなかったと思う」「ひとりで行かせたから事件に遭った」といった主旨の発言をしたと報道されています。

「子どもが親の目を離れている」というのと「性暴力被害に遭う」のあいだには、本来まったく因果関係がありません。しかし両者をつなげて「子どもが性暴力被害に遭うのは、親のせい」という認知が広まることで、メリットがあるのは誰でしょうか。そのことを、社会全体でいま一度考える必要があると思います。

社会のなかにも認知の歪みがあることは明らかで、私たちのなかにも気づかないあいだに刷り込まれています。それにより、加害者側の認知の歪みがより強化されます。誰もが「子どもがひとりでいるからといって、性加害をしてはいけない」と考えている社会では、歪んだ認知へのフィードバックがありません。

このような日本社会で前提とされている加害者優位の価値観を変えていき、加害者が認知の歪みをこれ以上強化することができにくい社会にする。これは、子どもを守るためには、避けては通れない過程だと考えています。

第2章 問題行動——病と気づくまで

これまで、子どもを性の対象とする者の人物像は、こんな感じだったと思います——根暗な雰囲気で、リアルな人づき合いよりもアイドルやアニメに描かれる女の子が大好き、子どもっぽい面があってコミュニケーションが苦手、無職でマザコン、引きこもり、そしていじめられっ子……。

一定年齢以上の人であれば、東京・埼玉連続幼女誘拐殺人事件の犯人として死刑に処された宮崎勤に近い人物像を思い浮かべるかもしれません。それまでにも、子どもを対象とした性犯罪は数えきれないほどありましたが、被害児童の数やその猟奇《りょうき》性、そしてメディアで報じられた〝ビデオ部屋〟のインパクトがあまりに強かったせいで、彼が小児性犯罪者の象徴として頭にインプットされてしまった人は少なくないはずです。

残念なことに、その後も世間を震撼《しんかん》させた事件がいくつもありました。２０００年に発覚した新潟少女監禁事件、２００４年の奈良小１女児殺害事件、２０１４年の富士見市ベビーシッター事件、２０１７年にベトナム国籍の女子児童が犠牲になった千葉小３女児殺害事件……。

それらの加害者を見て共通点を見出すことは、さほどむずかしいことではないかもしれません。しかし、クリニックで多くの小児性加害経験者と向き合ってきたなかで私が感じているのは、彼らは個別性が非常に強いということです。いくつかの共通点も見られるのですが、ひとりひとりが違ったバックグラウンド、ライフヒストリーを持っています。

当たり前といえば、当たり前の話です。しかし痴漢行為に耽溺《たんでき》して女性への性加害をくり返す者らの人物像には、ひとつの類型がありました。「四大卒、会社員、既婚」の男性が圧倒的に多かったのです。それと比べると、子どもに対して性加害をくり返す者たちはバックグラウンドに統一性がありません。

2006年5月から2019年5月まで、当クリニックは子どもへの性加害経験者117人の治療に当たってきました。本章ではまず、彼らから聞き取った話をもとにそのアウトラインを探ります。個別性が強いとはいえ、注意深く見ると浮かび上がってくる傾向もあります。

これはあくまで、当クリニックに一度でも通院した記録がある者らのデータですので、子どもに性加害をする者の全体像ではありません。

日本には、一度でも子どもに性加害をした人が、もう二度とすることのないよう、社会のなかで強制的に再犯防止プログラムを受けさせる制度はありませんし、それができる専門の施設も現状では非常に限られています。つまり、当クリニックにアクセスできた対象者は、氷山の一角にすぎません。

私たちは加害者臨床の場で、実際に子どもに性加害をくり返してきた者たちの声を直接聞いてきました。これはケアでも支援でもなく治療教育です。現場では彼らに対して二度と加害しないための再犯防止スキルや性衝動のコントロール方法を習得させ、自分がした加害行為への責任について考えることを促していくため、関係性を作りながらも常に厳しい態度で臨みます。最もハイリスクな者であれば週に6日間、9～19時のデイナイトケア・プログラムに通院します。家族よりも長い時間顔を合わせるので、私たちが彼らの人間性に触れることはしばしばあります。

また、クリニックでは30種類以上のプログラムのひとつとして、グループミーティングがあります。彼らが自分自身のことを振り返り、それを言語化して同じ罪を犯した者たちと体験や経験をシェアをするためのプログラムです。私たちはその場で、彼らの性的嗜好だけでなく、さまざまな内面の様子を目の当たりにすることになります。

性加害者らのバックグラウンド

ここからは受診時に聞き取った彼らのさまざまなバックグラウンドだけでなく現場で得た実感も織り交ぜながら、子どもに性加害をするのはどんな人物なのかを明らかにしてい

〈図1〉初診時の年齢（n＝117）

10代	7
20代	29
30代	40
40代	28
50代	9
60代	4

※最少年齢17歳、最高年齢は62歳

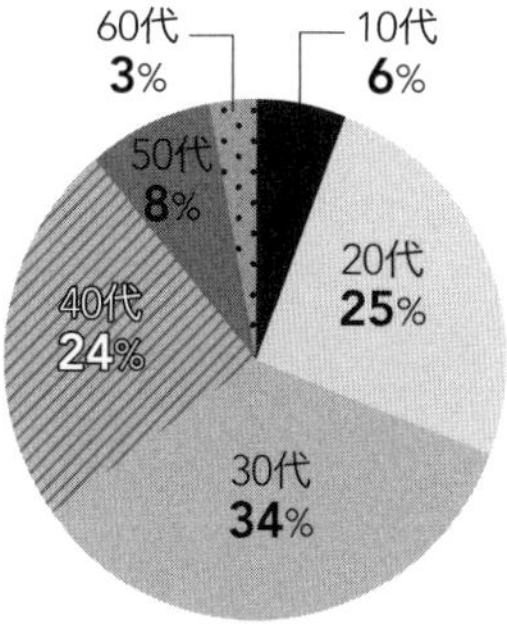

きます。

　まず初診時の年齢ですが、〈図1〉にあるとおり20～40代がボリュームゾーンです。これまでの最少年齢は17歳、最高年齢は62歳。とても幅が広いのですが、平均すると約36歳になります。

　これは〝初診〟であって、はじめて子どもに性加害をした年齢ではありません。後述しますが、クリニックに来るのは逮捕、または逮捕まではいかないにしても被害を受けた子どもの親や職場の人たちにその加害行為が発覚した後です。自分が抱いている子どもへの性的嗜好を相談したくて来る、あるいは加害した子ども以外は誰もそのことを知らないのに罪悪感から受診する、というケースはほとんどありません。

　子どもに対する性的嗜好は、比較的早い時期に自覚される傾向があります。平均は10代前半、ちょうどマスターベーションを始める年齢です。

彼らは当時を振り返って、そのときすでに自分よりかなり幼い子、具体的には幼児〜小学校低学年くらいの子をイメージしながらマスターベーションをしていたと話します。自分もまだ子どもですし、少し年下の子を想像すること自体はそれほどめずらしいことではないため、すぐに嗜好をはっきり自覚するまでには至らないようです。

しかしそこから数年経ち、自分は成長したにもかかわらず、空想のなかでセックスする子の年齢は変わらない……。クリニックに通院する者たちから聞き取る限り、これがもっとも典型的な〝気づき〟の経緯です。自分が小学生のときから、対象の年齢がまったく変わっていないと明言した者もいます。

そこから時を置かずして問題行動化する者もいれば、かなりの時間が経ってからそうなる者もいます。

ここで「平成27年 犯罪白書」から初回の性非行・性犯罪時の年齢による累積《るいせき》人員比率を性犯罪者類型別に示したグラフを見てみましょう〈図2〉。２０１７年の刑法改正より前の調査ですので、強制性交ではなく強姦という語が使われています。

これもまた、事件化して性非行、または性犯罪の判決が下った者が対象です。それまでに何度も子どもに性加害していたとしても、それは〝初回〟にはなりません。ほかの性犯罪と比べると、小児わいせつ型は目立って角度がなだらかです。これは、どの年代にも〝初回〟の者がいることを示しています。

〈図2〉性犯罪者類型対象者
初回の性非行・性犯罪時の年齢による累積人員比率

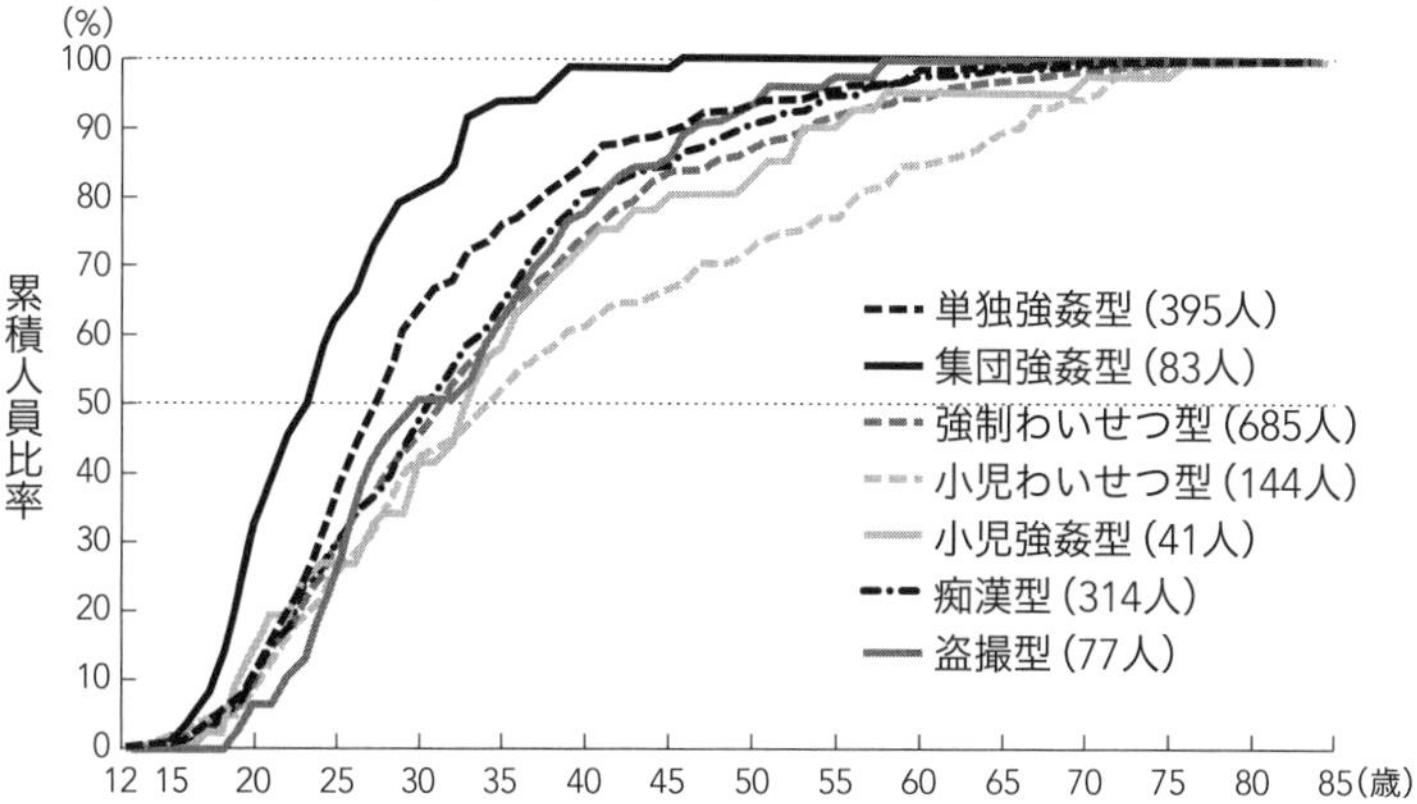

注1 法務総合研究所の調査による。
注2「累積人員比率」は、横軸の年齢までに初回の性非行・性犯罪に及んだ者の累積人員の比率をいう。

同白書では、小児わいせつ型・強姦型ともに「中高年になってから性犯罪に及ぶ者が一定数含まれている」と結論づけていますし、小児わいせつ型については「50歳以上の者の割合が32・6％と高く、65歳以上の者は20人（13・9％）であった。一方、19歳以下の者は1人（0・7％）であった」「平均年齢は41・9歳であり、性犯罪者類型別では最も高かった」という記述も見られます。

先述のとおり、クリニックの初診年齢の平均は約36歳。痴漢や盗撮などをくり返して通院している者らと比べると、全体的に若干高いという印象です。同白書の平均を下回るのは、受刑歴のある者が全体の3分の1以下であることが影響していると思われます。

クリニックでは初診時に、はじめて問題行動を起こした年齢、つまり子どもに加害行為をした年齢を聞いています。あくまでも自己申告ではありますが、下は8歳、上は57歳とこれまた幅広く、平均すると約21歳という結果になりました。

ここで考えたいのは、問題行動を始めてから受診するまでの時間です。加害行為をするペースには個人差がありますが、その期間が長くなるほど加害行為を行った回数も多くなる可能性は高くなると思われます。ひとりの子どもに継続的に加害行為をする者と、多くの子どもに一度ずつ加害行為をする者がいるので、被害者の人数は別に考える必要がありますが、後者の場合、期間の長さに比例して人数が増えると見て間違いないでしょう。

最も開きが少なかったのは1年で、問題行動を起こして早期に発覚し、クリニックにつながったケースです。最も開きが大きかったのはなんと49年。行動化した年齢の最年少は8歳と先述しましたが、その彼です。57歳になってはじめて、クリニックにつながりました。全体を平均すると、約14年間となりました。痴漢が平均約8年、盗撮が平均約7・2年ですから、加害行為をし続ける時間としてはあまりに長すぎるといえます。

なかなかクリニックにつながらない

加害行為に終止符を打つのが、逮捕です。逮捕までいかなくとも、周囲の大人に知られてなんらかの介入があってはじめて、彼らの加害行為は一定期間止まります。クリニックのデータを見ると、「受刑歴がある」と「逮捕歴がある」を合わせて約85％にのぼります。これは、逮捕されない限り専門機関につながりにくいことを意味しています。

そのうち受刑歴のある者は全体の約3割で、この数字は意外と少ないと感じられるかもしれません。逮捕されても示談が成立する、あるいは起訴されないこともあるからです。ちなみに逮捕歴がない者のなかにも、その加害行為が発覚したものの被害届が出されず、示談などが成立したため前科がつかなかったというケースが含まれます。

一方で受刑歴が多くなるほど、クリニックにアクセスしにくくなるという現実があります。第6章で詳しくお話ししますが、小児性犯罪は再犯率が高いことが大きな問題となっています。ほかの犯罪と比べても、またほかの性犯罪と比べても非常に高いのです。これまでクリニックを受診したなかでは、4回服役した者が最高記録でした。

子どもへの性加害を重ね、逮捕され、実刑に処され……と、くり返すうちに刑が加重されていきます。刑期が長くなるほど人とのつながり、お金、住むところなど多くのものを失い、出所後、社会のなかで孤立していきます。

先述したように、自発的に「クリニックに行こう！」と決める人はとても少なく、だいたいは弁護士なり家族なりに勧められて来院します。ゆえに、孤立している人はクリニックにまでなかなかたどり着けないのです。なんとか受診したとしても治療が継続しない傾向があります。この状況は、さらに次の加害行為へのリスクを高めるだけです。つまり、

〈図3〉初診時の職業（n＝117）

無職	30
教員（塾講師・インストラクター）	19
一般企業（会社員）	40
自営業	7
学生	7
その他	14

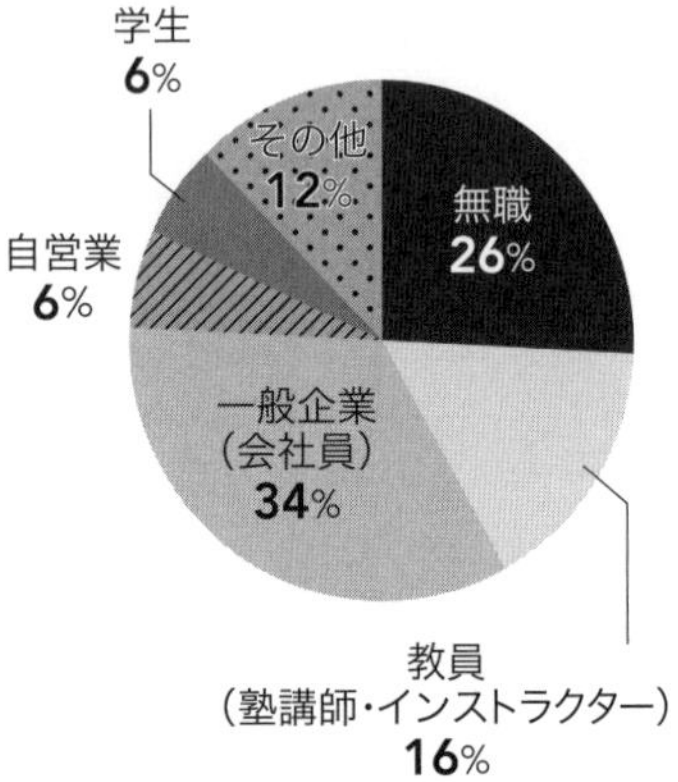

いまクリニックに通院している者らは、数多《あまた》いる子どもへの性加害経験者のなかでも、少なくとも弁護士や家族が気にかけてくれている、というごく一部の者に限られているのです。

　受診者のデータに戻りましょう。

　初診時の職業〈図3〉を見ると、無職が約4分の1を占めています。6割弱が教育関係の職業を含む有職者——なぜ教育関係と一般企業を分けて考えたかというと、子どもに性加害をする者のなかには子どもに関わる職、特に子どもを教育、指導する職に就く者が多いからです。このことは第5章で解説します。

「平成27年　犯罪白書」では小児強姦型と小児わいせつ型に分けてそれぞれ就労状況が調査されています〈図4〉。無職者と有職者の割合は、当クリニックのそれと大きな差はないように見

〈図4〉性犯罪者類型対象者　犯行時の基本的属性（性犯罪者類型別）
就労状況

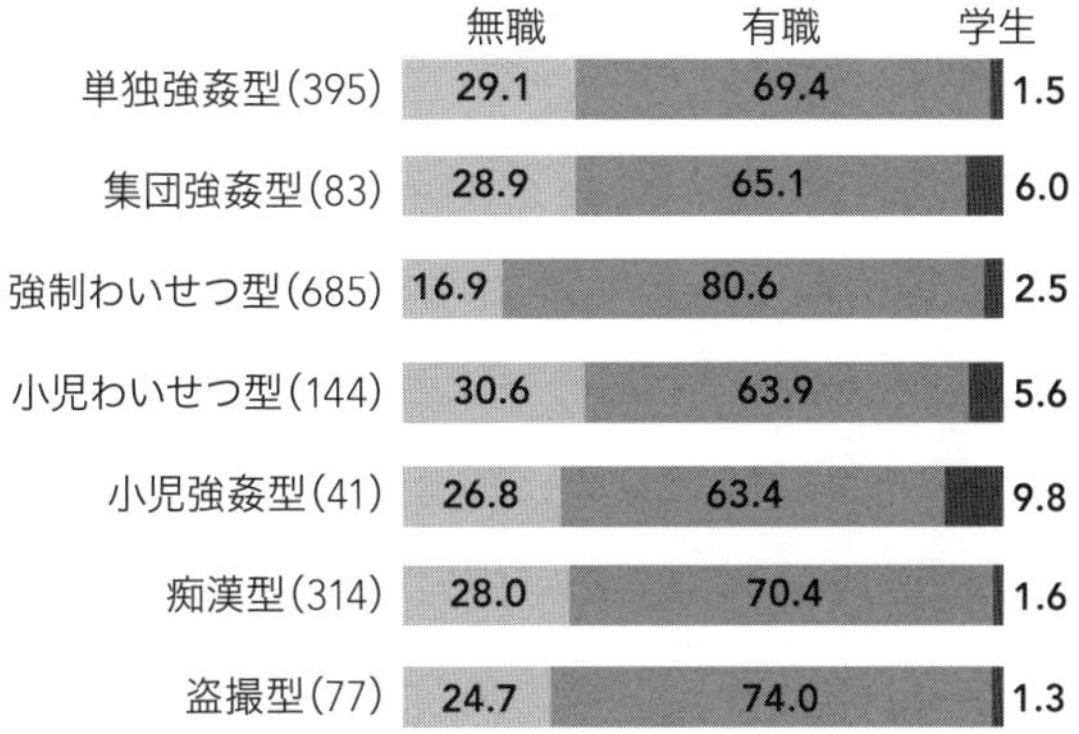

注1　法務総合研究所の調査による。
注2　数値は、各性犯罪者類型の人員における構成比である。
注3　（　　）内は、各性犯罪者類型の実人員である。

えます。一度の服役でも、刑期を終えて社会に復帰するのは相当に困難ですが、再犯し、罪を重ねるたびにそれはさらにむずかしくなります。

最終学歴は、総じて高いとはいえません。クリニックのデータでは中学卒業、高校卒業で約半数を占めました。「平成27年 犯罪白書」では、中学卒業と高校卒業を合わせて小児わいせつ型、小児強姦型ともに約8割になります。現在、男性の大学進学率が50%を超えていることを踏まえると、あまり高くないといえます。これは、ほかの性犯罪類型と比べても低い傾向にあります。

その人の学歴と子どもへの性加害とが、直接の因果関係にあるわけではありません。しかし、彼らの背景を知るうえではこれも欠かせない要素だと思います。

後述しますが、クリニックの通院者らには子どものころ「機能不全家族」で育った者が目立ちます。また、学校で壮絶ないじめに遭い、不登校になった体験を話す者も多く含まれます。それによって教育コストをかけてもらえなかったり、学習意欲が削がれたり、そもそも学校という場に恐れを抱いていたりします。そうした理由で進学を諦めたという事情もきっとあるでしょう。そう考えると、学歴と彼らの加害行為の相関性も無視できないのです。

結局、被害をこうむるのは子ども

子どもとの性行為を望む男性というと、子どもに〝しか〟性的関心がないと思われるかもしれません。そんな男性のことを〝真性タイプ〟といいます。実際、成人女性は恋愛、セックスの対象にまったくならないという者はクリニックにも常に一定数います。

成人女性のことを「怖い」といい、恐れのようなものを抱いている者もいます。成人女性に相手にされないから、子どもを対象とするしかなかったという言い訳も頻繁に耳にします。しかしこの真性タイプといわれる者たちが、本当に成人女性を求めているかどうかには疑問が残ります。

その一方で、成人女性も子どももどちらも対象になるという者もいて、クリニックに通

〈図5〉成人女性との性交歴（n＝117）

あり……………………………… 63
なし……………………………… 54

※児童ポルノ画像・動画を見ての自慰行為は112名あり

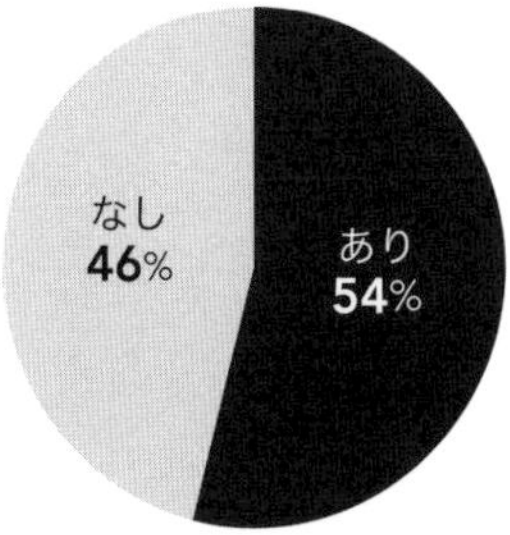

〈図6〉性犯罪者類型対象者　犯行時の基本的属性（性犯罪者類型別）
婚姻状況

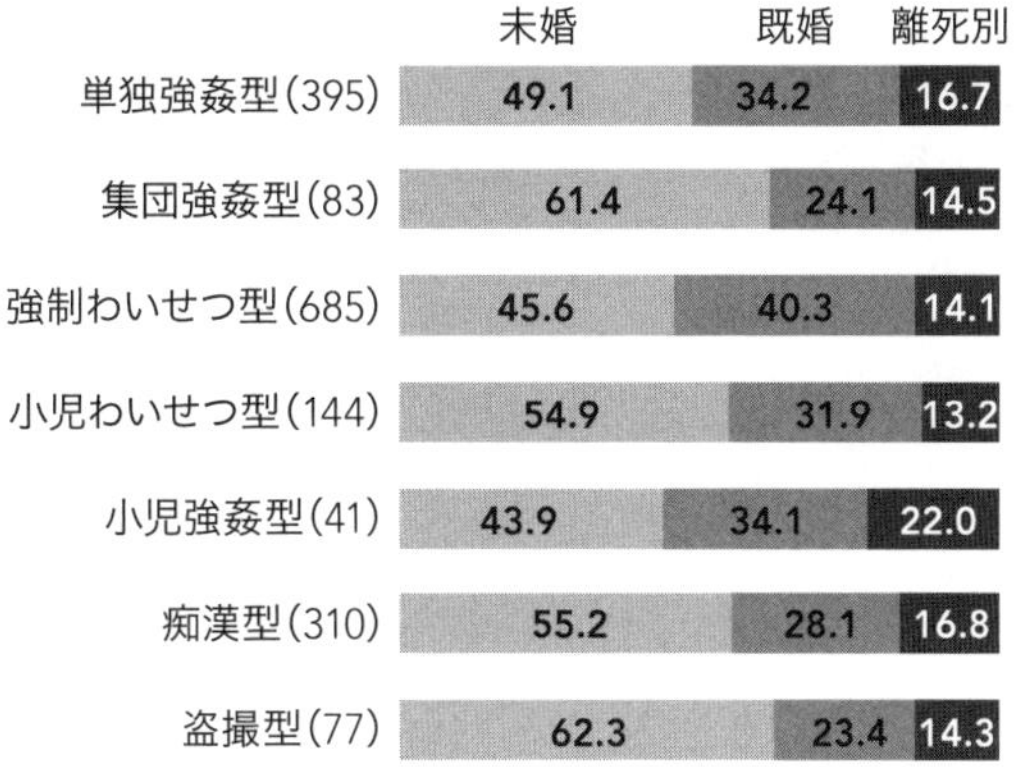

注1　法務総合研究所の調査による。
注2　不明の者を除く。
注3　「既婚」は、内縁関係によるものを含む。
注4　数値は、各性犯罪者類型の人員における構成比である。
注5　（　　）内は、各性犯罪者類型の実人員である。

うのはそちらのほうが若干多いということが、〈図5〉からもわかります。約半数に、成人女性との性交経験がありました。「平成27年 犯罪白書」では婚姻状況が調査されていますが〈図6〉、小児強姦型、小児わいせつ型ともに3割近くが既婚者で、その他の性犯罪類型と比べて特に少ないとはいえません。子どもに〝しか〟性的関心が湧かない、というのは少なくとも小児性犯罪者の全体像ではないといえます。

しかし、成人女性との性交を経験したことで、「まったく興奮できなかった」「何か違った」と感じ、かえって子どもへの性的関心を自覚するきっかけになったと話す者や、「交際するのは成人女性、でも本当につき合いたい、セックスしたいのは子ども」と明言する者がいます。

また、30代半ばになってはじめて子どもを性対象として見るようになった者もいます。彼はそのときすでに結婚し、子どももいました。自分の子にではなく、教員という立場を利用して生徒に加害行為をくり返していました。彼のようなケースは真性タイプとは見なしていないのですが、真性とそうでない者との線引きはしにくいものだと考えています。

被害に遭った子どもたちにとっては、加害者が真性タイプでも成人と恋愛やセックス、結婚をするタイプでも関係なく、等しく傷つき長期間にわたって人権を侵害されます。ですからクリニックでも真性かそうでないかの区別はせずに治療にあたります。

13歳以下だけが子どもなのか

小児への継続的な性的嗜好とその行動化は、精神疾患と見なされます。そう聞くと反発を感じる人も少なからずいるでしょう。私が2016年に『男が痴漢になる理由』（イースト・プレス）を出版したとき、本の帯に「痴漢は、依存症です」という惹句《じゃっく》がありました。痴漢には性的嗜癖行動、すなわち性依存症の側面があることを端的に伝えたものでしたが、それに対する反論も多く見られました。曰《いわ》く、「病気はただの言い訳だ！」「病気なんだから仕方ないというのは許されない」ということです。すべてもっともな意見です。

たしかに、クリニックに通う痴漢の加害者のなかには「自分が悪いんじゃない、病気が悪いんだ」と思い込む者がいます。これも認知の歪みにほかなりませんが、だからこそ診断は非常に慎重に行います。そして病気だと診断された者がそれを理由に安易に自身の責任を放棄しないよう、いかに臨床の現場で向き合っていくのかが、私たちの最重要課題です。

被害者からすると、加害者が病気だと聞かされたところで受けたダメージが小さくなることはないので、まったく関係ないともいえます。「だったらしょうがないかな」なんて思うことも絶対にないでしょう。当然のことです。

病気というからには「治療によって行動変容ができる」と私たちは考えています。性加害という問題行動をストップできるということです。再犯を防ぐために現在考えうる、最も有効な方法のひとつが治療です。

子どもに対して性加害をくり返してしまう者らにも、同じことがいえます。

病気と見なすことを病理化といいますが、これは私たちが勝手に判断しているものではなく、広く世界で採用されている「ＩＣＤ－10（国際疾病分類）」や「ＤＳＭ－Ｖ（精神疾患の分類と診断の手引き）」に基づいてのものです。

そこには「小児性愛障害」という項目があり、「ＤＳＭ－Ｖ」では次のように明記されています。

【小児性愛障害（Pedophilic Disorder）】

診断基準Ａ　少なくとも６カ月にわたり、思春期前の子どもまたは複数の子ども（通常13歳以下）との性行為に関する強烈な性的に興奮する空想、性的衝動、または行動が反復する。

診断基準Ｂ　これらの性的衝動を実行に移したことがある、またはその性的衝動や空想のために著しい苦痛、または対人関係上の困難を引き起こしている。

診断基準Ｃ　その人は少なくとも16歳で、基準Ａに該当する子どもより少なくとも５歳は

年長である。
※青年期後期（18～22歳）の人が12～13歳の子どもと性的関係を持っている場合は含めないこと。

まず診断基準Aにある「13歳以下」という年齢について考えましょう。個人差があるとはいえ、その年代は男女ともに、身体的、精神的にまだ成長過程にあり、〝子ども〟です。法的にも、子どもと見なされます。日本の刑法では13歳以下の子どもにわいせつ行為、性交をすれば同意の有無を問わずそれだけで犯罪となり、罰に処されることになっています。その年代では「性交同意」ができない、つまりセックスするかどうかの判断がまだできないと考えられているからです。

現在、この年齢が低すぎるとして議論が起きています。日本では小中高を通して性交について学校教育で教えられることがほとんどありません。そんな状態で、たとえば中学生が大人から強く、あるいは巧妙に性行為を迫られたとき、「NO！」とはっきり不同意を示せるとは思えません。実態のわからない行為に対してYES、NOの判断をするのは大人でもむずかしいものです。

にもかかわらず、13歳を迎えたその日から法的には大人と同等に扱われます。性被害に遭って裁判を起こしても、抵抗できないほどの暴行や脅迫に遭ったことを示せなければ「同意があった」と判断され、加害者が無罪になる可能性があるのです。実際10代の子どもに対するそうした判決が、過去にいくつも出ています。

こうしたことを一度も教えられない社会は、子どもが安全に生きることのできない社会だと思います。しかしそこには、大人も性交同意について知識がないという問題が横たわっています。

諸外国と比べると、この13歳という年齢は際立って低いといえます。たとえばイギリスでは16歳、フランスでは15歳。全体的にはだいたい15、16歳としている国や地域が多く、なかには18歳という例もあります。実質、どんな形であれ同意さえあれば成人が10代前半の子どもとセックスしていいとなっている日本の状況が、世界からどのような目で見られているかは推して図るべしです。

自分のことを振り返って、13歳はまだまだ子どもだったと感じる人は多いのではないでしょうか。

DSM－Vの診断基準では13歳以下とされていますが、私たちはこれを厳密なものとは捉えていません。中学生つまり15歳以下の子どもを性的対象としている者にも、小児性愛障害の診断を出すことがあります。

理由のひとつめは、マスターベーションをするときに低年齢の児童との性交をくり返し空想しているケースが多いこと。ふたつめは、13歳以下の子ども〝しか〟加害していない者は少数派〈図7〉だからです。この診断基準Aを厳密に守ると、当クリニックに通院し

〈図7〉被害者（児童）の年齢（n＝117）

13歳以下のみ	14
13歳以下＋未成年	75
13歳以下＋成人	28

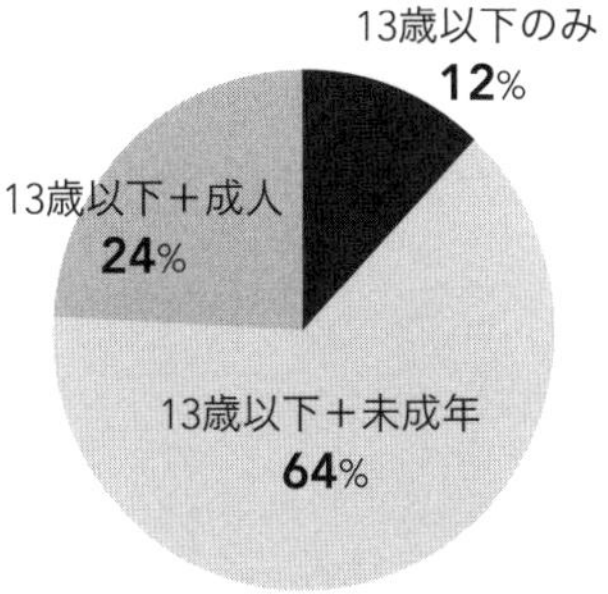

た者のうち9割近くが「小児性愛障害ではない」という診断になってしまいます。13歳以上の未成年や成人も加害対象となるからといって、彼らの行動を問題ではないと見なすわけにはいきません。

13歳以下というひとつの区切りを重要視はしますが、そこにこだわりすぎていては彼らの本質を理解できないという考えです。

空想・衝動が行動に移行する

もう一度、法律の話をします。子どもへの性加害行為に関する法律は刑法だけではなく、**「児童買春・児童ポルノに係る行為等の規制及び処罰並びに児童の保護等に関する法律」「児童福祉法」**があります。ここでいわれている児童とは「18歳に満たない者」です。

青少年に対する、淫行・わいせつ行為の禁止は、地方公共団体が制定する**「青少年保護育成条例」**

にも明記されています。青少年の定義は都道府県によって若干の違いはありますが、おおよそ「18歳未満」といっていいでしょう。

私は子どもへの加害行為をめぐる裁判に、被告側の証人として出廷することがあります。被害者が13歳以下のこともあれば、それ以上のこともあります。私はＤＳＭ－Ｖの診断基準について説明しながら、被告の加害行為の背景には小児性愛障害という精神疾患があること、現在はその治療中であること、本人が身柄を拘束されている場合は判決後に治療を希望していることなどを証言します。

そうした裁判で「被害者は14歳だから、その診断基準に当てはまらないのではないか」「よって加害者に病理は認められないのではないか」などと指摘されたことは、これまでのところ一度もありません。10代半ばの少年少女も保護されるべき〝子ども〟であり、彼らに性加害をくり返すのは病的な行為だというのは、多くの人と共有できる考えなのだと感じます。

その考えのもと、あらためて診断基準を見てみましょう。診断基準Ａには「**子どもとの性行為に関する強烈な性的に興奮する空想、性的衝動、または行動が反復する**」とあります。法で裁けるのは、現実の子どもに対して加害行為をした者だけです。何を空想しても、心のうちに強い性的衝動が起きても、それを理由に罪に問われることはありません。

とはいえ、「被害者がいないのだから問題ない」ことにはなりません。性的嗜好は縛れないし、罰することもできない、だからといってそのままにしていいものではないのです。

たしかに、性的嗜好というものは他者から安易に侵されていいものではありません。しかしクリニックで子どもに性加害行為をくり返していた者らから話を聞くと、彼らにも空想をする〝だけ〟、性的衝動を覚える〝だけ〟だった時期があります。それだけでは満足せず、さらに強い衝動が抑えきれなくなり、加害行為に至っています。

診断基準Aでは**「行動が反復する」**とある点にも注目してください。空想や衝動が問題行動に直結するわけではありませんが、長期間にわたって空想をくり返し、それが習慣化するうちに、行動化へのリスクは高まります。

子どもと接して加害行動をするとなれば明らかに犯罪ですが、ここでいう〝行動〟にはマスターベーションも含まれます。

彼らから聞き取ると、子どもとの性的な接触を空想しながら1日に何度もマスターベーションをしてしまう、自分がへとへとに疲れるまでくり返すというケースもあります。ここまでくると、明らかに強迫的です。子どもとの性行為を空想しマスターベーションをする人がすべて、加害行為に及ぶとは限りません。けれど加害行為をした人は必ずといっていいほど、子どもとの性行為を空想しマスターベーションをしています。

そう考えると、空想、衝動が病理と無関係とは、やはりいい切れないのです。

性暴力は力関係のなかで起きる

診断基準Bもまた、悩ましい問題を抱えています。**「性的衝動を実行に移したことがある」**——マスターベーションを含む性衝動の実行がなぜ問題なのかはすでにお話ししました。この段階にいる者には早急な対処が必要だということに異論はないでしょう。

では、続く**「その性的衝動や空想のために著しい苦痛、または対人関係上の困難を引き起こしている」**はどうでしょうか。その人物が子どもに対して性的ファンタジーを抱いたり衝動を自覚したりすることで困っていることがあるか否かが、問われています。その人物が性的衝動を行動化した場合、最も困難な状態を強いられるのは、被害者です。その家族や身近な人も影響を受けます。しかし病気という観点で考えると、別の側面が見えてきます。

病気とは、肉体や精神の健康が損なわれたことで苦痛や不快が生じ、日常生活に支障をきたす状態をいいます。小児性愛障害も病気である限り、本来なら本人が困っていないはずはないのです。

しかしお察しのとおり、子どもを性対象とする者の大半は自身が小児性愛障害という病を抱えているという自覚がなく、困ってもいません。子どもを性的な対象として見てしまう自分にコンプレックスを持っていたり生きづらさを感じていたりすることはあっても、それが治療の対象になるものだということはほとんど知られていないため、この段階で自主的にクリニックを訪れる当事者は皆無です。

家族がその性的嗜好に気づいてショックを受け、インターネットなどで調べてクリニックに問い合わせをしてくることはありますが、本人には病識、つまり病気であるという自覚が欠如しており、困っていないので治療につながりにくいのです。もし通院を始めたとしても、治療を継続させるのはむずかしいでしょう。

それどころか本人は、子どもへの性的嗜好を手放したくないと考えています。

先ほどお話しした生きづらさとは矛盾するようですが、彼らにとってこの嗜好はそのマイナスの要素を補って余りあるものなのです。彼らは人生の〝すべて〟を子どもへの性的関心とその行動化に費やします。情熱を傾けている、という表現ではまだ生ぬるいと感じるほどです。だから、それを失うほうがよほど〝著しい苦痛〟になるのです。病気と見なされ治療の対象となるなど、彼らにとって人生の終わりに等しいことです。

そんな彼らが何をきっかけにクリニックを訪れるかというと、問題行動の発覚です。空想では飽き足りなくなって行動化してしまう。これだけでも最悪の事態ですが、小児性犯罪のむずかしさはその発覚しにくさにもあります。加害行為は一度にとどまらず何度も反復されます。それでもなんとか周囲の大人の知るところとなれば、その問題行動にストップがかかります。

被害者側がことを大きくしたくないと考え警察に被害届を出さないこともありますが、事件化して逮捕されるかどうかは、診断基準Bを考えるうえでさほど重要ではありません。一度発覚すれば、その後の行動化は難易度が飛躍的に高くなります。さらに本人が仕事を失ったり、家族から疎遠にされたり、人間関係が崩壊したりすることも多く、彼らにとっての苦痛や困難が重なります。加害行為が明るみに出てはじめて、彼らはその性的嗜好を抱えている自身に苦痛や困難を感じるようになるということです。

あまりに身勝手だと思われるかもしれませんが、これが加害者にとっての現実です。これ以上ないほどの打撃を受けてはじめて、彼らは「なんとかしたい」と考えます。そして自身や家族が調べて、クリニックにたどり着きます。弁護士から「子どもへの性的嗜好は治療で止められる」と聞いてくるケースもあります。

加害行為の発覚と逮捕は、治療につながるほぼ唯一のチャンスといえます。けれど、そうなるまでに数多くの被害者を出しています。最初に行動化してからクリニックを訪れるまでに平均14年のタイムラグがあることは、P50で解説しています。

子どもに対して**「強烈な性的に興奮する空想、性的衝動」**が反復している時点で**「著し**

い苦痛」「困難を引き起こしている」と考えて治療につながってくれれば、ひとりの被害者も生まずに済むかもしれないのに……と思わずにはいられません。

最後に、診断基準Cについてです。

子どもへの性加害行為についてがテーマになると、必ずといっていいほど「子ども同士の真摯《しんし》な恋愛も犯罪になってしまうのか？」という声が上がります。これは先にお話しした性交同意年齢に関わることですが、性的同意ができる年齢を引き上げられると、たとえば中学生同士の真摯な性関係も犯罪行為と見なされてしまうのではないか、という懸念です。

具体的には、次のようなケースを想定しているようです。14歳の少年少女が恋愛関係にあり、性交渉を行った。本人たちは真剣な交際だと考えていた。しかし少女が妊娠したのを機にその関係を彼女の親が知り、「娘はセックスに同意できる年齢ではない。これはレイプされてできた子どもだ」といって交際相手の少年を訴える……。暴力の問題と恋愛を一緒くたにして語ること自体、とても不思議だと思いますし、捜査や裁判がきちんとなされれば、そう簡単に少年が有罪と見なされることはないでしょう。これを理由に「中学生は性的同意ができるとされなければならない」と主張するのは強引に過ぎます。

海外での性交同意年齢について先に例を挙げましたが、「成人と16歳以下の子ども」との関係に限定する、または診断基準Cと同様に「〇歳以上の年齢差がある場合」などとする国もあります。こうしておけば、16歳と15歳の子ども同士の真摯な性関係は、対象外となります。

性暴力は必ず、権力関係のなかで起きます。上の立場に立つ者、力の強い者が下の立場にいる者、力の弱い者に対して性を使った暴力を行使するものです。成人と子どもとでは、その力関係は明らかです。子ども同士でも上下関係はありますが、それは個別に検証されるべき問題でしょう。

診断基準Cは、そうした現実に即したものだと思われます。

やめたくてもやめられない「依存症」

子どもへの性的嗜好を持続的に持つ者、子どもに性加害をする者は、国際的な診断基準で「小児性愛障害」に該当することがわかりました。私たちはそれに加えて、〝アディクション〟の側面もあると考えて治療に当たっています。

アディクションとは、ある特定の「もの」や「こと」にのめり込み、何らかの損失があってもやめられなくなる状態をいいます。日本語では「嗜癖《しへき》」と訳されます。その「もの」「こと」が有害なものであり、それについてよく承知しているのに執着するのをやめられない。結果、すっかり習慣化してしまっている状態です。

日本では「依存症」とほぼ同じ意味で使われている語だと思ってください。
依存症といえば、誰もが真っ先にアルコールや薬物、ギャンブルを連想するでしょう。
近年、タレントやスポーツ選手などの著名人がこれらの問題を起こしたり逮捕されたりしてメディアを騒がせています。報道されるときにアルコール依存症、薬物依存症、ギャンブル依存症の可能性は指摘されますが、その内容をよく見るとまだまだ誤解が多いと感じます。

WHO（世界保健機関）で「依存症」は次のように定義されています。

「精神に作用する化学物質の摂取や、快感・高揚感を伴う行為をくり返し行った結果、さらに刺激を求める抑えがたい渇望が起こる。その刺激を追求する行為が第一優先となり、刺激がないと精神的・身体的に不快な症状を引き起こす状態」

アルコールや薬物は「精神に作用する化学物質」に相当します。これらにハマることを「物質依存」といいます。健康を蝕《むしば》み、最悪の場合は命を失います。迷惑をかけ続けることで人間関係が崩壊し、多額のお金をつぎ込むため経済的にも大きな打撃を受け、失職したり離婚したりすることもめずらしくありません。そうとわかっていても、やめられないのです。

それと並んで挙げられている**「快感・高揚感を伴う行為」**とは何でしょうか。

わかりやすいところでは、ギャンブルです。賭けごとで勝ち続けて継続的に利益を出すというのはほとんどないことで、だいたいの場合、経済的な損失を伴います。借金を重ね、多くの人からの信頼も失うでしょう。再びギャンブルをするために、または借金返済のために金銭を得ようと犯罪に走る可能性もあります。それでもやめられず、仕事を休んで朝早くからパチンコ店に並んだり、競馬で人生一発逆転を狙ったりして、さらにのめり込んでいきます。

このタイプを**「行為・プロセス依存」**といいます。ほかには買い物依存症や万引き依存症が挙げられます。ワーカホリックもこれに該当します。


依存行動がやめられないのは、意志の弱さ、だらしなさが原因だと思われがちですが、そうではありません。依存する対象がなんであれ、その人のなかに条件反射の回路ができあがっているため、やめたくてもやめられなくなっているのです。

生理学者のイワン・パブロフが条件反射を発見したというのはとても有名な話です。イヌにエサを与える前にベルを鳴らす実験を一定期間続けたら、イヌはそのうちベルの音を聞いただけでエサをもらえると思いヨダレを垂らすようになったというエピソードです。

条件づけをくり返すことで、イヌのなかに条件反射の回路が作られたのです。

同じように、「もうやめよう」と思っていてもある条件に出くわせば、イヌがヨダレを止められないように、お酒を飲むのをやめられなかったり、パチンコ店に足が向いたり、ブランド品を買い漁《あさ》ったりするのが、依存症です。つまり、脳内に報酬を求める回路ができあがっているのです。

性的逸脱行動をやめられない……これも行為・プロセス依存です。極端なマゾヒズムや服装倒錯、風俗店通いが止まらないなどもこれに相当します。が、最も困るのは他人に危害を与える性行動、つまり性暴力となるものです。本人ですら数え切れないほど問題行動を反復してしまう痴漢や盗撮は、その特徴が顕著に表れています。

小児性愛障害者にも、行為・プロセス依存の側面があります。

クリニックに通院する小児性愛障害者らにヒアリングすると、子どもとの性的接触はほかの何とも比べられないほど強烈な刺激なのだとわかります。くり返すうちに条件反射の回路は強固になり、問題行動への渇望がさらに強まり、抗えなくなります。刺激を得て一度は満たされたと感じても、すぐに次の刺激を求めるようになります。

依存症の7つの特徴

依存症には次の7つの特徴があるといわれています。小児性愛障害と診断された者たちも、多くがこれに当てはまります。

●強迫的

自分の意思に反して、そのような空想をすることがふさわしくない場、たとえば仕事中や家族と過ごしているときなどに、「子どもとセックスしたい」「どうしても子どもの性器に触れたい」という考えが浮かび、抑えようとしても抑えられなくなります。

　子どもへの性加害が常習化すると、公園でひとりで遊んでいる子どもや、ひとりで通学路を歩いて帰る子どもを見た瞬間から、「触らなきゃ損だ」という強い思いに囚われるようになります。行動化するまではいてもたってもいられず、頭のなかが子どもとのセックス一色になります。

●衝動的

〝スイッチ〟が入ると、子どもとセックスするのだと思い立った自分を止められなくなり、「衝動制御ができなくなる」状態に陥ります。逮捕など、自分にとって悪い結果を招くことになるかもしれないのに、それについては考えられないまま、問題行動を完遂しようとする行動特性です。善悪の判断が消え、心が衝《つ》き動かされるままに行動化します。それが好みの子どもでなかったとしても、接近し、手が伸び、人気《ひとけ》が少ない場所に誘い込みます。

一方、そのときのことをよく覚えておらず、逮捕されたとき「気づいたら触っていた」「無意識のうちに触っていた」というのもひとつの典型です。実際、警察の取調べでこのように語る小児性犯罪者はいますが、もちろん信じてもらえません。

反復的

第6章で詳しく解説しますが、小児性犯罪者はほかの性犯罪と比べて群を抜いて再犯率が高いことがわかっています。何度逮捕されても、くり返す。次やれば実刑判決は免れられないとわかっていても、くり返す。刑期を終えて出所してからは、再犯で服役となれば刑期が長くなると知っているのに、くり返す。その再犯率の高さが、まさにこの反復性を証明しているといえます。

常習者にこれまで行動化をした回数を訊くと、最も多い回答が「わからない」です。ほぼ毎日のように子どもに接触する生活を何年も、何十年も反復してきた者たちなので、これは本音からの回答だと思います。いちいち数えてはいられないということです。一方で、被害者の数を律儀に記録している者もいますし、画像や動画を残している者もいます。また特定の児童にターゲットを絞って、その子に対して犯行をくり返す常習者もいます。

●貪欲的

貪欲《どんよく》とはそもそも、自己の欲するものに執着して飽くことを知らない、非常に欲が深いという意味です。ここでは、子どもへの性的接触を実行することに対する貪欲さを指します。飽きることを知らず貪《むさぼ》るように性加害をくり返す状態をいいます。強い刺激への渇望や、「これは性教育だから」「相手から誘われたから」「純愛で結ばれているから」という身勝手な思考でもって、その願望を満たすべく問題行動を反復します。

●有害的

子どもとの性的接触は法律で禁止されており願望があったとしても行動化してはいけないとは、誰もが知るところです。つまりは犯罪であり、発覚すれば大きな損失があるため本人にとっても有害です。仕事、婚姻関係、周囲の人からの信頼を失い、被害弁済や多額の裁判費用がかかるため経済的損失もあります。

また、常に「誰かから監視されているのではないか」「警察に尾行されているのではないか」「ばれたらどうしよう」と疑心暗鬼になり、精神的にも不安定になります。子どもへの性的接触は有害であって被害者やその周囲はもちろん、本人のためにもならない行動ですが、それでも、やめられないのです。

自我親和的

これは行動と人間の関係を表す語で、その行動が自我、つまり自分の心にとって親和的であることを示します。いいかえれば、その行動を「結局、好きでやっている」のであり、本人にとって大きなメリットがあるということです。

小児性愛障害者にとって、子どもへの性的接触は有害であると同時に「メリット」が非常に大きいといえます。日常では得られない高揚感や興奮がタダで手に入るだけでなく、問題行動を達成すれば、優越感や支配欲、飼育欲さえも満たされます。人間として超えてはいけない一線を越えているという背徳感でやみつきになり、当然やめようなどとは思いません。

余談ですが、自我親和性の反対は「自我異所性」といいます。これはたとえば強迫性障害のように、「心の底では嫌で嫌で仕方ないのだけれど〝やらざるをえない〟という世界観を持っているからやっている」という場合に使われます。

行動のエスカレーション

最初は2週に1度、10日に1度という頻度で行っていた子どもへの性的接触が、次第に週に1度、3日に1度となり、いつのまにか毎日それをしなければ気が済まなくなります。

問題行動がエスカレートするとともにマスターベーションも相乗的に増えていきます。

　対象としていた年齢からどんどん低年齢化していくパターンは通常あまりなく、頻度が上がったりターゲットにする人数が増えたり、一見簡単に見つかりそうなところで犯行に及んだりするというケースがあります。また問題行動をくり返しているうちに、より暴力的でサディスティックな行動に及ぶ場合もあり、わいせつ行為にとどまらず挿入を伴う行為に発展する加害者も、多くはありませんが、います。

　子どもへの性加害に再犯が多いのは、行為そのものに耽溺《たんでき》してしまい、やめたくてもやめられない状態に陥っているからです。その衝動性と常習性はほかの性犯罪と比べても別格で、彼らは対象児童にあらゆる手段を使って接近します。逮捕されればまた実刑になる、罪がより重くなりさらに長く服役しなければならない……と本人が誰よりも逮捕や服役を恐れているのに、その欲求を抑えることができないのです。

　これでは、被害者の数が増える一方です。

　とある地方の刑務所に呼ばれ、性犯罪で服役している受刑者の前で講話をしたときのことです。私はアメリカの研究者、エイブルの研究を彼らに紹介しました。

「1人の性犯罪者が生涯に出す被害者の数は、平均380人である」

　そのなかには子どもへの性加害をくり返していた男性が何人かいましたが、ひとりがこれを聞いて、次のように答えたのです。

「380人ですか……僕はその3倍はしていますね」

ほかの小児性加害者たちも、その言葉に大きくうなずいていました。

私はたいへんなショックを受けました。380人というのも驚きの数字です。依存症の特徴のひとつに反復性があり、小児性加害においては特にそれが強く出る傾向にあると感じてはいましたが、まさか1000人を超す被害者がいるとは。

性犯罪者のなかには加害した数を記録している者もいますが、彼らの場合はそうではなく、加害行為をしていた頻度と続けてきた年月をざっと計算して「3倍」という数字を出したようです。ただしすべての小児性加害者がそれだけの数の子どもを襲っているわけではなく、ひとりの子どもにくり返し加害行為をするタイプもいます。

彼らが、性対象としての子どものことを考えない日はありません。生きていく日々のなかでかなり大きなウェイトを占めています。だからこそくり返すのです。人は、特別な時間や場所でしかできないものにはハマりません。加害行為は、日常のなかで起きます。

そうしてくり返し成功体験を重ねるうちに、ある特定の状況や条件下でみずからの衝動を抑えきれなくなっていきます。これを「衝動制御障害」といいます。

小児性加害をしていた人たちがよく口にするフレーズに「子どもを見ると吸い寄せられ

るようについて行った」というものがあります。まったく接点のない加害者同士が、揃《そろ》って同じ言い回しをするのですから不思議なことです。

まるで子どもが磁石で自分がそれに引き寄せられる砂鉄のように、吸い寄せられるのだと。「自分の意思とは関係ない」というふうにも聞こえるので、被害者ならずともなんて無責任なんだろうと感じるのではないでしょうか。子どもに近づいて行ったのは、まぎれもなく加害者本人です。

けれど彼らの感覚としては本当に、「気づけば子どもが目の前にいた」なのです。通常なら、次に捕まれば実刑は免れないという認識があれば、そこでストッパーがかかるはずです。そんな大事なことをも消し去るほどの強い欲求があり、それには抗えないということです。

海を渡る性加害者

小児性愛障害者の、子どもに性的な接触をしたいという欲求の強さは極めて高く、成人に対する性加害者と比べても段違いだと感じることが多いです。

たとえば、海外に子どもを買春しに行く。そんなことが比較的簡単に実現できた時代がありました。歴史の負の側面です。海外旅行のついでに現地で性風俗店を利用する男性はいるにしても、それ〝だけ〟を目的に旅行をする人は少ないでしょう。しかし子どもへの性的嗜好を持っている人のあいだでは、そうめずらしい話ではないようです。

１９８０～90年代にかけて、日本から東南アジアへの〝買春ツアー〟が盛んに行われていました。１９９１年に発表された、世界エイズデーのキャンペーンポスターでは、パスポートで顔を隠した壮年男性の写真に「いってらっしゃい、エイズに気をつけて」という文が添えられていました。当時、女性団体や女性議員から「日本男性の買春ツアーを容認している」と強い抗議が寄せられたそうです。

こうして海を渡ったなかには、成人女性ではなく子どもとの性行為を目的とした者たちも少なからず含まれたことは容易に推察できます。

巻末付録で対談をお願いした、小児性加害経験者のケンタロウさんも、12歳前後の男の子との性行為を求めて複数回にわたって海を越えたと話してくれました。クリニックに通う小児性愛障害者からも、同様の経験を聞くことができます。

１９９６年、「第1回児童の商業的性的搾取に反対する世界会議」がスウェーデンのストックホルムで開催されました。そのときアジア地域における日本人男性の児童買春と、それに対し国が何もしていないことに対して強い批判が寄せられたといいます。こうした話は買春をした当事者が語ることはほとんどなく、表面上は〝なかったこと〟になりがちですが、現実に起きていたことです。

現在も買春ツアーがあるとは考えたくはありませんが、１９８０～90年代当時より個人旅行ははるかに簡単になっていますし、子どもに金銭を支払って性行為をするために海外に出かける人は変わらず存在しているのでしょう。国内では容易に叶《かな》わないという事情があるにせよ、多大な時間と費用をかけてまで買春をしに行くところにその欲求の強さが垣《かい》間《ま》見えます。

一概にはいえませんが、欲求や衝動性の強さは病理の根深さに比例すると感じています。海外まで行くのは一部でも、クリニックに通院する者らを見ていると、児童ポルノを求める情熱、加害行為を遂行するための行動力や計画性などに驚かされることがしばしばあります。

追って、小児性愛障害者には子どもと接する職業を選択する者が存在するというお話をしますが、なかには10代でなんとなく性的嗜好を自覚したのを受け、教育学部を受験し、教員免許状を取得し、教職に就く……というのを全部実現したというケースもあります。それほど長期間にわたってモチベーションを維持できるほど、〝子どもと接する〟ことが彼らのなかで重要なのです。

第3章 逆境体験——依存症から抜け出すために

小児性愛は先天的か後天的か

『男が痴漢になる理由』で私は、こう書きました。

「痴漢として生まれてくる男性はいません。痴漢になりたくて生まれてきた男性もいません」

子どもに性加害をする者らにも同じことがいえるでしょうか？

小児性愛障害についての研究は世界中でなされています。そのなかにはこの障害は先天性の疾患であるとする論文もあるようです。生まれたときから、子どもに性的興奮を覚えるよう遺伝子に組み込まれていると主張する研究者がいるのです。

遺伝子で受け継がれることを証明するとなると、その血縁から何人もの小児性愛障害者が出ているということを突き止めなければなりませんが、まだそこまでの研究は進んでいないようです。

もし仮に、先天的に小児性愛障害を持って生まれる人がいるのだとしても、「だから、子どもに加害するのは仕方がない」ということにはなりません。みずからの性的嗜好を自覚したうえで、セルフコントロールしていくべきものです。そうしないと何人もの子どもの人生に多大なダメージを与えますし、本人も社会に適応できず苦痛を抱えたまま生きることになります。たとえ先天的なものであっても、小児性愛障害者には「加害行為をしない」という責任があるのです。

先ほど『男が痴漢～』からの一文を引用しましたが、その後にはこう続きます。


「彼らは社会のなかで、みずから痴漢になるのです」


これは彼らが日本という社会を生きるなかで、男尊女卑や女性蔑視《べっし》の価値観を内面化し、そして痴漢という行為の存在を知り、ストレス発散の方法として性加害行為を選んだり、自分はそれをしても許される人間なのだと思い込んだり、捕まらないよう手口を磨いたりして、習慣化していくことを指しています。つまり痴漢とは学習された行動なのです。

同じく小児性愛障害は、その人が社会のなかでみずから身につけていった性的嗜好である——クリニックで性加害当事者らと日々向き合っていると、そう感じます。

彼らが望んでそうなったかというと、そうではありません。彼ら自身も「好きでこうなったわけではない」とよくいいます。特に子どもにしか性的関心を持てない真性タイプは生きていくうえで困難が非常に多いので、成人に性的関心が持てる、成人と交際できる人生をもし選べるならそうしたかった、と考えているようです。

逆境体験が性加害者を作る？

ある衝撃的な被害体験が直接的、間接的に影響し、その人が子どもへの性的嗜好を持つきっかけとなった、というケースは少なくありません。ゆえにクリニックでは時間をかけて、幼少期のころからの自身の半生を振り返ってもらいます。これは、「こんなことがあったから小児性愛障害になるのもしょうがない」と彼らを免責するためのプロセスではありません。治療のうえで、きっかけとなった体験を知ることは非常に重要だからです。

通院している彼らの背景は個別性が強く、類型化するのはむずかしいと先にお話ししました。しかし、この観点から見直すと、いくつかの看過できない共通点が見えてきます。

それは、小児期の〝逆境体験〟です。

逆境とは、苦労が多かったり不運が続いたりする境遇のことをいいます。それが親や保護者、家庭環境によってもたらされる不適切な養育として表れることもあり、そのようななかで育つことを逆境体験といいます。

英語ではAdverse Childhood Experienceといい、その頭文字を取ってＡＣＥと表記されます。幼少期の逆境体験は、主に罪悪感（もっと努力すればよかった）と無力感（頑張ってもどうにもならない絶望感）に大別されます。家族から受ける肉体的、精神的な虐待や家族間の暴力、依存症の問題、不適切な養育は、成人後に深刻な影響を及ぼすことがわかっています。

近年では家庭内のことに限定せず、広く社会のなかで遭遇する苛烈な体験を含めることもあります。犯罪の被害に遭うこと、大規模な自然災害に被災すること、悪質ないじめ、嫌がらせに遭うことなども、同じく後々までの人生に影響するので、ＡＣＥと捉えようという考えです。

クリニックに通院する小児性愛障害者から子ども時代～思春期のことをヒアリングすると、次のような逆境体験を共通して持つ傾向が見えてきました。大きく3種類に分けられます。

逆境体験1●機能不全家族で育っている

機能不全家族とは、親がなんらかの依存症の問題を抱えていたり、虐待や家族間の不和、親の早期の離死別、多額の借金、生活困窮などの問題があったりして、家族の安全が守られておらず、常に強いストレスにさらされている家庭環境を指します。

〈図8〉原家族の機能不全（n＝117）

なし	63
両親の早期の離婚	7
虐待（身体的・心理的・性的）	27
アルコール問題	15
その他	5

※虐待のうち性的虐待は5名

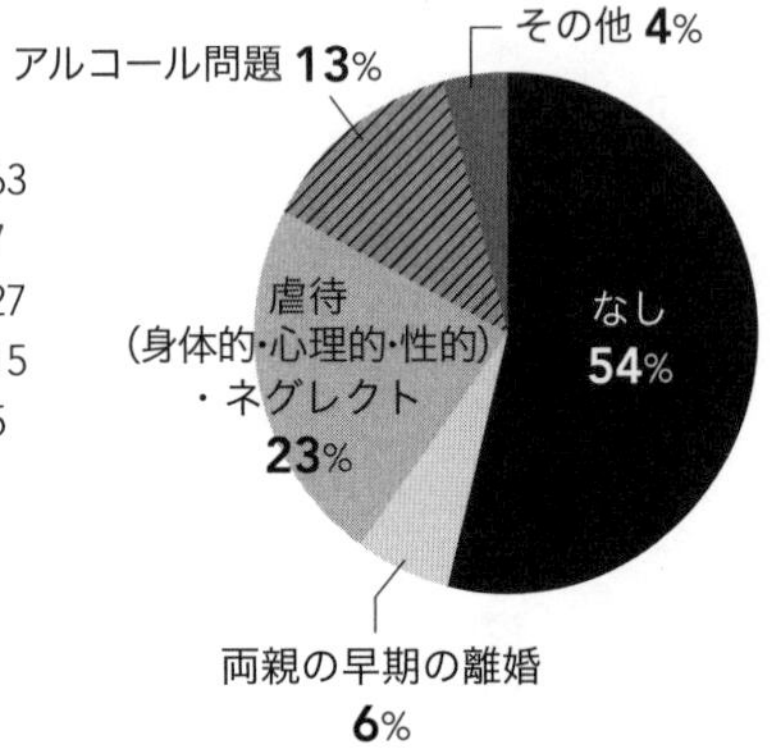

こうした家庭で育つことは、子どもにとって逆境体験そのものです。成長過程にある子が人格を尊重されることなく、適切な保護や養育を与えられないまま育つため、その後の人生に多大な影響を及ぼします。

クリニックで聞き取りをしたところ、〈図8〉のような結果になりました。約半数の人は機能不全家族に育っていません。しかし、身体的・心理的・性的虐待・ネグレクトがある家庭、親のどちらかまたは両方にアルコールの問題がある家庭に育った者は、合わせて約36％でした。これは決して少ない数字ではないでしょう。

「両親の早期の離婚」はそれだけで機能不全とはいえませんが、背景に親の不適切な異性問題があり子どもがそれに影響を受けてしまったというケースも含まれるため、やはり

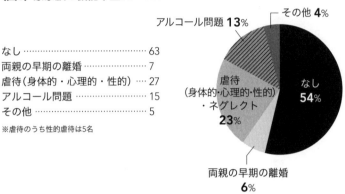

見過ごせません。

特に親世代のアルコール問題は、ほかの性的逸脱行動、たとえば痴漢や盗撮の問題で通院する者らにはあまり見られない傾向です。どちらかというと、本人がアルコールや薬物依存症などの物質使用障害の問題を抱えてクリニックに通っている者と、バックグラウンドが似ていると感じます。


アルコール依存症の問題がある家庭では、高頻度で児童虐待やDVの問題が起きることがわかっています。〈図8〉では「虐待（身体的・心理的・性的）・ネグレクト」と「アルコール問題」を分けていますが、後者の家庭にも100％の割合で暴力の問題があります。

面前DVといって、子どもの前で家族間のDV、だいたいは父親から母親への暴力が行われる家庭も少なくありません。そうした環境下では、子どもは常に緊張したなかで生活しなければならず、家庭内に安心した場を得られません。

最新の研究では、面前DVを経験して育った子どもは、そうでない子どもに比べて脳の萎縮《いしゅく》が見られることがわかっています。そのような子らは、視覚野（舌状回）が小さくなる影響で、相手の表情を読み取ることが困難になるといわれています。これは対人関係に支障が出たり、感情がコントロールできなくなったりといったことにつながります。

そのほかにも、マルトリートメント（Mal Treatment、不適切な養育）の内容や種類によって、脳が変形する部位が異なることもわかっており、その影響はさまざまな形で表出します。うつ状態や、他人に対して強い攻撃性を示すようになるなどのトラウマ反応が出てくるケースもあります。

虐待があったと回答したなかには、性虐待の被害経験をカミングアウトした者が5人いました。少数派ではありますが、「バックグラウンドが似ている」と先述した、アルコールや薬物の問題があって通院している者たちからはネグレクトを含む身体的、心理的虐待のエピソードはあっても、性虐待の話はあまり出てこないので、注目に値します。

逆境体験2● いじめ被害経験

クリニックでの聞き取りでは、約半数に学生時代、いじめられたという被害経験がありました〈図9〉。

いじめという言葉が示す範囲はとても広いですが、彼らが体験しているのは苛烈といっていいレベルのものが多いと感じます。なかには中学生のときに同級生らの前でマスターベーションを強制された者や、いじめが原因で不登校になった者もいます。総じて、強い挫折感とともにその後の人生を生きています。

私たちは学生時代、起きているあいだは家よりも学校で多くの時間を過ごすことになり

〈図9〉学生時代のいじめ（n＝117）

あり……………………………63
なし……………………………54
※性暴力を含むいじめ被害者は14名

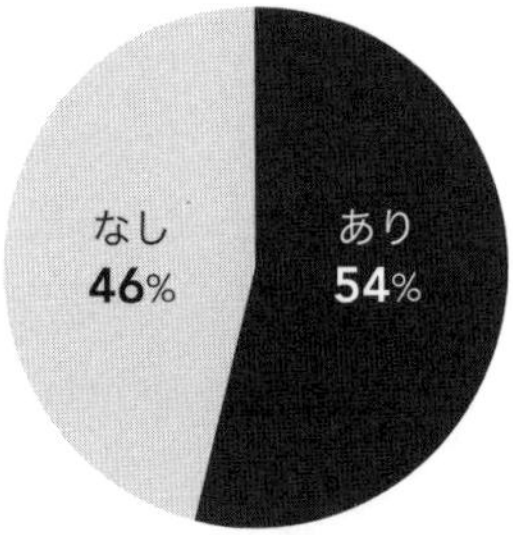

ます。人間関係の基本やそこにヒエラルキーがあることと、それを踏まえての振る舞い方を学ぶのも、学校であることが多いです。

また学校は、閉鎖的な空間でもあります。心理的に逃げられない状況下で、心身への暴力によって痛めつけられると、自己肯定感や自尊心が削られていきます。卒業し、時間が経ち、成人したからといって忘れられるものではないでしょう。ずっと恨みを抱いていても当然です。

しかしその恨みの感情が、自分より弱い者を虐《しいた》げたいという欲求に変換されることがあります。それが、いじめの被害経験者が小児性愛障害者へとつながる理由のひとつではないかと考えられます。

そこで私が今後、力を入れていきたいと思っているのは、学校教育との連携です。いじめが起こったときなるべく早期に発見する、また被害者をきちんとケアするなかに、「加害者にしないための教育」のヒントがあるのではないかと考えています。いじめが起こらないのが一番ですが、起こってしまったときは、大人がすみやかかつ適切に介入しなければなりません。また、ゲートキーパーといわれる、自殺のサインに気づいて適切に対応できる〝命の門番〟も必要でしょう。家族や同級生、上級生など、身近な人が望ましいです。被害経験がキャッチされ、適切にケアされることによって、負の連鎖を断ち切れる可能性はあるのではと考えています。

たとえ性犯罪との因果関係がないにしても、いじめの被害者が迅速にケアされることに異論を唱える人はいないと思います。いじめを受けていることを親に打ち明けない子どもも多いです。親だけではなく、いろいろな立場にいる大人が、子どもをつかず離れずの立場で見守ることが大切です。

これが性犯罪の一次予防です。

逆境体験3●同年代の女性との挫折経験

10代～20代前半という若い時期に、同年代の女性に恋心を抱く。けれどそれが受け入れられなかった――。これも〝逆境体験〟に数えることに反対意見もあると思いますが、彼らのなかでは子どもへの性的嗜好につながる重大な出来事として認識されているので、ここにあえて加えます。現在の性対象が同性の子ども、もしくは異性同性両方という場合も、過去のエピソードとして出てきたものは異性との恋愛における挫折経験だけでした。

その女性本人からははっきりと拒絶されたというケースもあれば、「どうせ自分なんか相手にされない」と強迫的に思い込み、みずから諦めたというケースもあります。つまり、同世代の女性と対等に付き合えるだけの外見や社会的地位、経済力、コミュニケーション能力を持ち合わせていないことを理由に、最初から諦めるのです。クリニックで彼らと接していると自信のなさ、自己肯定感の低さをひしひしと感じますが、若いときにはこうした形で表れていたようです。

それを機に、同年代の女性を嫌悪の対象、攻撃対象と見るようになります。女性に対して畏《おそ》れのようなものを抱いていると感じるときもあります。それは成人女性そのものが怖いのではなく、自分という人間が受け入れられないこと、拒絶されること、存在を否定されることに対して怯《おび》えているように見えるのです。

家庭内の性虐待

ここまで3つの逆境体験について見てきましたが、ひとりに対してどれかひとつの逆境体験だけが当てはまるということはありません。3つのうち2つ、あるいは全部が重なっていることもあります。どれも当てはまらない者もいます。

ひとつずつ、さらに詳しく見ていきましょう。

虐待家庭で育つ、性虐待被害に遭う。これは極めて過酷な体験です。その被害者が成長して加害者になることは「虐待の世代間連鎖」「被害者から加害者への道」など簡単にまとめられてしまいがちですが、被害者を生み続ける不幸をどこかで断ち切らなければいけません。

複数人から共通して出てきたのが、「やり方を教える」などの口実で、酔った親の見ている前でマスターベーションを強制されたというものです。殴られるなど身体的暴力を受けたわけではないにしても、日ごろの力関係から逆らうことは不可能で、子どものときの彼らに「やらない」という選択肢はありませんでした。

大人になったいま振り返って、彼らのなかでそれが必ずしもトラウマとなっているとは限りません。対象行為に及んでいるときは性的快感がありますし、射精に至ることもあります。日常的に殴られたり罵《ののし》られたりしているため、そうした直接的な暴力と比べるとこの体験は、少なくとも苦ではない。いつも暴力的な親が、口実とはいえ〝教えてくれる〟ので、そこにやさしさを感じてうれしかったと語る者もいました。しかし、これは明らかに健全な状態ではありません。マスターベーションは極めてプライベートな行為です。親から強制されること、それも親の前で実行させられることは虐待以外の何ものでもありません。このとき、彼らの根っこにある自尊心は確実に傷ついていています。

両親の性行為を目撃したというエピソードもありました。これも虐待行為です。なかには意図的に毎晩のように性行為を見せる親もいました。それもかなり暴力的なセックスだったようです。それ以降、その子は性に対して嫌悪感しか抱けず、一方でその記憶を消すために下着窃盗や強迫的なマスターベーションなどの性的逸脱行動に耽溺し、最終的に子どもへの性加害に至っています。親は性行為をする際、最低限の配慮として子どもの目に触れないよう努めなければなりません。

性虐待に限らず、すべての虐待は、その人の自尊心を傷つけ、自己評価を著しく低下させます。幼少期にそのような被害に遭えば、それは長く尾を引きます。ＰＴＳＤ（心的外傷後ストレス障害）に振り回されて思うように人生を生きられなくなり、人との関係の築き方にも影響が出ます。

虐待とは、支配－被支配の力関係のなかで起きます。物心ついたころからそうした人間関係に慣れ親しんで育つと、成長したときに同じく支配－被支配の人間関係を築いてしまう例は多いです。それ以外の関係性の作り方を知らないからです。

こうして「虐待の世代間連鎖」が起きるのです。身近にいる、弱い者を支配することで心の安定を得る。あるいは、支配されることで安心感を得る……子どもへの性加害はそれが極端な形で表れたもののひとつです。

クリニックで聞き取りをすると、子どものころ動物虐待をしていたというエピソードも出てきます。これまでは、こちらからその問いを投げかけていなかったので、本人がカミングアウトするものを集めただけですが、初診の段階で必ず聞くことにしていたなら、そうした経験を持つ者はもっと出てきただろうと推測されます。そう考えて、ここ5年くらいは初診時に「動物虐待歴の有無」をヒアリングするようにしています。

子どものうちであれば、身近に〝自分が支配できる存在〟はそういないでしょう。けれどそこに、小さな動物がいたとしたら？　支配し虐待する自分を止められない人がいても不思議ではありません。

1997年、14歳のときに神戸連続児童殺傷事件を起こした〝少年A〟は、後に手記を著しましたが、そこには猫への虐待の描写が数多くありました。許される行為ではありませんが、性嗜癖の芽がそのころから見え隠れしていたということです。それだけ家庭内での抑圧が大きかったと見てよいでしょう。

10代のうちに妹に性加害をしていた、とカミングアウトする人もいます。理屈は同じです。妹とは、ごく身近にいる自分より弱い存在。しかも異性です。所有や支配する欲求を満たしたい。支配するには性的な領域を侵すことが最も効果的……と本人がその時点でどこまで理解していたかは不明ですが、被害を受けた妹にとってそれはどうでもいいことです。

加害者が誰であろうと、家庭内の性虐待は最も残酷な行為のひとつです。本来なら一緒にいて安心できるはずの家族からの暴力。発覚しづらいため被害が長期に及ぶこともあり、当然、心身への影響も大きくなります。ほかの家族が加害者の味方をして被害者を責めることもあり、二重、三重に苦しめられることもめずらしくありません。

いじめも、構造はよく似ています。学校に通う同年代の生徒らのあいだに上下関係があり、上の立場にいる者が下の者を支配する。スクールカーストとは、その構造をよくいい表した言葉だと思います。家庭内虐待と同じく被害者は自尊心を失っていく一方ですが、人というのはずっと自分が一番下ではいたくないものです。意識的か無意識的かの違いはありますが、自分が支配できる存在を求めるようになります。

性加害へ駆り立てる〝偶然〟

しかし性虐待を含む虐待を受けたからといって、あるいは学校でいじめ被害に遭ったからといって、誰もが子どもへの性的関心を抱くようになるとは限りません。被害経験者のなかでも、むしろ少数派といえるでしょう。

まして同世代の異性から拒絶された人たちが全員、子どもを性対象とするようになったら大変です。恋愛における挫折は程度の差こそあれ誰もが経験するものです。いってみれば普遍的な体験です。

同じ逆境体験をした人がたくさんいながら、子どもに性的関心を持つ人とそうでない人に分かれるのはなぜなのでしょう。何が彼らを小児への性加害へと駆り立てたのでしょう。

そこにはある種の〝偶然〟が働いていることがあります。動物虐待や妹への性虐待は、たまたまそこに自分が支配できる弱い存在がいたから実行できた、という側面は確実にあります。そこにいなければ支配欲を満たしようがありません。

その偶然は、なにも生身の存在とは限りません。次のケースをもとに考えましょう。

＊＊＊＊＊＊＊＊＊E　男性・39歳

父親はアルコール依存症でした。診断は出ていませんが、誰がどう見ても間違いなくそうだったと思います。両親が仲よくしているところなど一度も見たことがなく、父親と母親は毎日口汚く言い争ったり、つかみ合ってケンカしたりしていました。そんなとき幼い私は、ビクビクして嵐が過ぎ去るのを待つしかありませんでした。

11歳くらいのことだったと思います。いつものとおり両親のケンカが始まり、そのころには家を抜け出して近所の本屋に避難するようになっていました。マンガ雑誌でも読んで時間を潰そうと思い、たまたま手に取ったのが、幼い子どもにしか見えない女の子たちの性表現があるコミックだったんです。

雷に撃たれたような衝撃を受けましたね。それから両親が言い争うたびにチャンスとばかりに本屋に行き、その種の雑誌を読み漁るようになりました。そして、子どもとセックスをする光景を思い浮かべながらマスターベーションをするようになりました。そのときだけは、嫌なことをすべて忘れられる……それくらい強烈な刺激でした。

後に子どもに性加害をするようになるEが子ども時代に経験したことは、ある意味、とても典型的です。「児童ポルノ雑誌」をほかのものに置き換えれば、多くの依存症者に見られる現象です。

たとえば別の男性Fはこんなとき、やはりアルコール依存症だった親が残していた梅酒を口にしたといいます。子どもですからひと口飲んだだけで頭がぼんやりし、目の前で起きている両親の諍《いさか》いもなんだか現実でないように感じられました。人間は裏切るけど酒は確実に酔いの世界に誘ってくれる。Fはいま、アルコール依存症の治療中です。

すべての依存症は、ふとしたきっかけで始まります。アルコールであれ子どもへの性的嗜好であれ、その種類は問いません。こんなときに万引きをして、そのスリルや達成感で辛い現実を忘れることができれば、万引き依存症になったかもしれません。

依存症は「意志が弱い人」「だらしない人」がなるものだと見る風潮は、いまだ根強いものです。アルコールや薬物の問題があって事件を起こし逮捕された著名人について報道されるときも、そんなニュアンスを感じます。観ている人は「自分はそうでないから依存症にならない」という安心感を得られるのかもしれませんが、それは依存症の本質から目を背けることになりかねません。

対象は何であれ、依存するきっかけは、ストレスが多い日々だったり、仕事での行き詰まりだったり、孤独だったり、大事な人の死だったり……誰にでも起こりうることばかりです。自分の身にどうしようもなく辛いことが起こった。自分の力で解決できない。誰かに相談すればいいのだけど、そんなことをしたら迷惑だと思われて嫌われるんじゃないだろうか。解決法もないわけではないけど、それを実行するのはものすごく労力がかかる……。

EやFの場合は、幼い子が酔った親のケンカを止めることなどほぼ不可能でしょう。その苦痛を耐えるしかありません。苦痛が重なれば、「両親の不仲は自分のせいだ」「こんな自分は消えてなくなればいい」と思うようになります。

想像してください、そんなとき手近にその苦痛を一時的にでも和らげてくれるものがあったら、あなたはそれに手を出さないといえるでしょうか。海で溺《おぼ》れそうになっているときに浮き輪を見つけたら、誰だってそれにしがみつきます。彼らにとってはその浮き輪が、依存症だったのです。

もちろん世の中には、正面から困難に立ち向かって乗り越えようとする人もいます。しかしすごく弱っていてその体力も気力もない人は、なかなかそうできないものです。自分を無力だと感じ、ますます自身のことが嫌になり、自暴自棄になります。そして手近にある、苦痛から目をそらせるものに頼ります。

アルコールや薬物に手を出すのがいいとはいいません。特に子どもにとって、有害なのは明らかです。けれどそれに酔っているあいだは「こんなに辛いなら死んでしまいたい」と思わずに済みます。だからEもFもやめられなかったのです。子どもながら、どこかでいけないことだとはわかっていました。でも、辛い現実をやりすごすには、ほかに術がなかったのです。

依存症には「死なないために依存する」サバイバルスキルとしての側面があるという見方があります。

アルコールや薬物などの種類を問わず、依存症の対象となるものは心身の健康や人間関係、経済的な損失を招きます。健全な生活を営めなくなり、長期間に及ぶと命にかかわることもあります。けれど、ものすごく逆説的ではありますが、その人は生き抜くために何かに依存し始めたのです。そうやって辛い現実に適応することは、その時点では生きるための手段です。

大人であれば、もっと選択肢が広がります。ギャンブルや薬物、買い物、仕事。恋愛関係や夫婦関係など、人に依存することもあります。そして逸脱した性行動……。辛さを紛らわすために「いまだけ」「ちょっとだけ」と思って手を出したものに知らず知らずのうちに溺れていき、気づいたときには、やめたくてもやめられなくなっているのです。

Eがそこで児童ポルノと出合ってしまったのは、不運としかいえません。この時点ではある種の救いになっていたとしても、後々まで影響し、人生を大きく変えてしまいました。しかしこのときの彼には、予想することすら不可能でした。児童ポルノとの出合いにおいて、彼には責任がありません。

もし、という仮定の話をしてもしょうがないのですが、このときEが偶然にも児童ポルノに出合わなかったらと思わずにいられません。子どもには簡単にアクセスできないようなところにあったなら……。もちろん、理想はEとその両親が適切な支援や治療につながることですが、後に多くの被害者を生むことになる嗜癖の〝芽〟が子どもにとって身近なところにあるのは、どう考えても問題です。

そのような偏《かたよ》った性的嗜好を学習し、最終的に小児性愛障害という精神疾患に陥ったこと自体には、本人に責任がないといえます。病気とはそういうもので、がんになった人に

「なんでがんになったの!?」と責任を追及するのがナンセンスなのと同じです。けれど、そこから先に治療を受けるか、そのままにしておくかは、その人が決めることで、そこには責任が伴います。

小児性愛障害については、治療を受けなければ被害者が出ます。本来なら、治療をしないという選択肢はないと私たちは考えています。

無視できない社会からの影響

性障害専門医療センターSOMECの福井裕輝氏は、男性のうち5％は小児性愛障害ではないかという見解を発表しています。

また、映像コンテンツ配信のネットフリックスによるオリジナル・ドキュメント番組に、「良心の糾明《きゅうめい》：聖職者の児童虐待を暴く」があります。スペインの宗教系の学校でくり広げられてきた聖職者から生徒の男児への性虐待が、大人になった被害者らの告発によって明らかにされていくという内容です。そのなかで「聖職者のうち7％が性虐待をする」という証言がありました。5％を上回りますが、教師と生徒、宗教的指導者と信者という、絶対的な上下関係は性暴力発生のリスク要因となることが関係しているのかもしれません。

いずれにしても、少なくない数字です。たとえば統合失調症の患者は全人口の約1％といわれています。どちらもあくまで仮説ではありますが、私たちはこの5％、7％という数字をどう捉えたらよいのでしょう。
子どもへの凄惨《せいさん》な性犯罪がニュースになると、多くの人がその犯人に「異常」のレッテルを貼ります。そうした事件は見聞きするのも辛いですし、自分たちの日常から遠いところにあると思いたいものです。そこで、犯人を自分たちとはまったく違う人間、つまりモンスターのような存在と見なすのです。

しかし私は、彼らのバックグラウンドを見るにつけ、同じ人間だと感じます。取り返しのつかないことをしてしまいましたが、もとをたどれば罪のない子どもであり、未来のある子どもだったということがわかります。

では、彼らをそうさせたものは何なのか。逆境体験を経ても子どもを性対象としない人はたくさんいますし、これといった逆境体験のないまま小児性愛障害になる者もいます。それなのに常に5%の男性が小児性愛障害者になるのだとすれば、私はそこに社会からの影響を見ずにはいられないのです。

これは彼らを免責したくていっているわけではありません。加害者臨床の場で個人にアプローチしていると、個人がいくら変わっても社会が変わらなければ今後も小児性愛障害になる者が量産され、被害者も出続けるのだろうという確信が強まっていくからです。

育った家庭環境やいじめ問題にしても、行政なり学校なりが適切な介入をし、福祉的支援や専門治療につながっていれば、彼らにももっと違う人生があったのではないか。被害に遭わずに済む子どもがいたのではないか。

それと同時に、彼らが「子どもに性加害をしてもいい」と学習することのない社会であったなら、とも考えるのです。彼らの病理は、社会の病理と合わせ鏡なのです。そのことについては、第8章でさらに深く考察していきます。

第4章

児童ポルノ――加害の引き金になるもの

休みの日に同僚の住んでいる職員宿舎へ遊びに行ったとき、ベッドの下に隠されたポルノ雑誌を見つけてしまった。こういう雑誌は気持ち悪いので極力見ないようにしてきたが、表紙に幼い子供がチラリと見えて気になった。

（中略）

同僚が戻ってくる足音に、慌てて本をベッドの下に戻した。そして「用を思い出した」と下手な言い訳をして宿舎を出ると、車で一時間かけて遠方の本屋へ行き、同僚が持っていた本と同じものを買った。特集のページだけ切り取り、毎晩穴があくほど見つめた。自分が子供にだけ性的に興奮するのかもしれないと自覚しても、失望しなかった。薄々そうではないかと疑っていたし、今更だった。

――木原音瀬《このはらなりせ》『ラブセメタリー』（集英社）

これは、子どもを性の対象とする数人の男性が登場する小説の一節です。子どもへの性的嗜好を自覚して苦悩する男性、海外に買春に行き、国内では教師という立場を利用して生徒に加害行為に及ぶ男性らが登場し、その半生が綴られます。

これは、そのなかのひとりがはじめて児童ポルノに接触したときのことを描写したものです。まだインターネットがなかった時代、男性の性的興奮を刺激するものは主に雑誌や書籍でした。子どもを被写体としたポルノ雑誌がこの世にあるとはじめて知ったときの衝撃。存在を知ると求めずにはいられないその衝動……これは完全にフィクションですが、クリニックに通院する者たちから聞く話と照らし合わせると、たいへんリアルだなと感じます。

児童ポルノとの出合いを強烈な思い出として語る小児性愛障害者は少なくありません。その後は短時間で深くのめり込み、並外れた情熱でもって児童ポルノを求めていくようになります。

そのモチベーションの強さに世代差はありませんが、アクセスのしやすさには劇的な変化がありました。いうまでもなく、インターネットの登場です。自宅にいながらにして、というより、どこにいてもスマートフォンひとつあれば容易に児童ポルノにアクセスできてしまいます。これが小児性愛障害の問題を抱えている者にいい影響を与えるはずがありません。

時代が変わるとともに児童ポルノのあり方も変わります。それに伴い、児童ポルノに関わる法律が見直されるのも当然のことといえます。**「児童買春、児童ポルノに係る行為等の規制及び処罰並びに児童の保護等に関する法律」**――児童ポルノ禁止法と略されることが多いです。これが公布、施行されたのは1999年でした。見直しを経て2014年に改正されましたが、いまなお議論は尽きません。特に相反する意見が拮抗《きっこう》するのは、次の2点でしょう。

①漫画、アニメ、CGを利用して作成された〝子どもにしか見えない〟人物の性的な描写は、現実に被害児童がいないので規制を加えるべきではないのではないか
②児童ポルノの製造や運搬、提供、陳列だけでなく単純所持をも懲罰《ちょうばつ》の対象とするのは、表現者・創作者を萎縮させ、文化や自由な表現を後退させるものではないか

順に考えていきましょう。
そもそも〝児童ポルノ〟とは何なのか。「児童ポルノ禁止法」では、児童を「十八歳に満たない者」としたうえで次のように定められています。

児童買春、児童ポルノに係る行為等の規制及び処罰並びに児童の保護等に関する法律
第一章 総則 第二条 3

この法律において「児童ポルノ」とは、写真、電磁的記録（電子的方式、磁気的方式その他人の知覚によっては認識することができない方式で作られる記録であって、電子計算機による情報処理の用に供されるものをいう。以下同じ。）に係る記録媒体その他の物であって、次の各号のいずれかに掲げる児童の姿態を視覚により認識することができる方法により描写したものをいう。

一　児童を相手方とする又は児童による性交又は性交類似行為に係る児童の姿態

二　他人が児童の性器等を触る行為又は児童が他人の性器等を触る行為に係る児童の姿態であって性欲を興奮させ又は刺激するもの

三　衣服の全部又は一部を着けない児童の姿態であって、殊更《ことさら》に児童の性的な部位（性器等若しくはその周辺部、臀《でん》部又は胸部をいう。）が露出され又は強調されているものであり、かつ、性欲を興奮させ又は刺激するもの

ここで対象となっているのは、現実に存在する子どものみです。漫画やアニメ、CGに描かれた子どもは含みません。

児童ポルノの被害に遭う子どもと聞いてまず思い浮かぶのは、タレント活動をしていて肌の露出度が高い衣装を着せられ、性的なことを連想させるようなポーズを取らされる子どもたちではないでしょうか。

1990年代初頭、児童ポルノ禁止法が施行される前夜ともいうべき時代、〝ジュニアアイドル〟と名づけられた小学生〜中学生くらいの子どもたちの映像商品や写真集が市場に大量に出回るようになり、2000年代にかけて販路を拡大していきました。子どもに際どいことをさせていたにもかかわらず、いまと違って入手するのはとても容易だったようです。女子児童だけでなく男子児童を被写体にした商品も少なくありませんでした。

1996年にストックホルムで開催された「第1回児童の商業的性的搾取に反対する世界会議」では、欧州諸国で流通している児童ポルノの約8割が日本製であるとして強く非難されました。この8割という数字に信憑性《しんぴょうせい》がないと異論を唱える人もいますが、数字はさておき、国際会議で問題視されるほど、日本の児童ポルノが野放しの状態にあったと解釈できます。会議で指摘されているなかには、いま挙げたようなジュニアアイドルの商品も含まれていたことでしょう。

画面に映る子どもたちは、泣いたりはしていません。笑顔を向けていることもあります。しかし子どもの意に反する撮影も多かったようで、成人してから「本当は嫌だった」「クラスメイトらに知られ、いじめに遭った」など当時の心境や苦悩をメディアで語るケースも見られます。当時はその扇情的なポーズの意味をわかっておらず、後になってそれが男性にどのように利用されているかを知ったという子どももいたでしょう。子どものときの被害は特に、本人が被害として認識するまでに時間がかかることが多いです。

後にタレント活動を辞めたとしても、映像や画像がいつまでもインターネットに残ってしまっている現状も深刻です。こうした商品の製造はそれだけで子どもの商業的性的搾取だといえますが、被害の影響が長期にわたることを、子ども自身が想定することは不可能に近いでしょう。製造していた側にもその意識はなかったと思いますが、その無自覚な商行為に、たくさんの子どもが犠牲になったことを簡単に考えてはいけません。

スマホが媒介する児童ポルノ

児童ポルノは、芸能界という特殊な世界に足を踏み入れた〝特殊な子〟だけが被害に遭うものではありません。子どもなら誰でもその姿態がポルノ動画や画像として利用される可能性があります。

ひとつには、いわゆる〝自画撮り〟といわれる動画や画像です。被害者となる子どもは大人から「裸を見せて」「エッチな動画を送って」などと指示され、それに従って自分自身の下着姿や裸体、性器の写真をスマートフォンなどで撮影して、送信します。

温床となっているのは、主にＳＮＳです。出会い系サイトやゲームを通じて成人と子どもが接点を持つこともあります。そこでメッセージなどをやり取りするなかで、大人が言葉巧みに騙《だま》したり脅したりしながら、子どもがみずからの写真を撮り、それを自分宛てに送るよう誘導するのです。

警察庁発表による**「平成30年における子供の性被害の状況」**には、その年に検挙された児童ポルノ被害者1276人について学識別、被害態様別の内訳が示されています。「児童が自らを撮影した画像に伴う被害」が4割以上を占めました〈図10〉。

同調査では、被害に遭った児童数の推移も示されていますが、年々増えていることがわかります。平成27年の同被害児童数は、405人でした。いうまでもなく、この数字は氷山の一角でしかないでしょう。誰にも相談できず、どうしようもできないと泣き寝入りし、被害届を出さずにいる子どものほうがずっと多いのです。被害を被害と認識できずにいる子どもも含めると、全国に一体どれだけの被害者がいるのかわかりません。

学校や地域で注意喚起が盛んに行われていますが、それを見聞きしたところで、まだ未熟な子どもたちが、そうした動画や写真が何に使われているのか、もしインターネットなどで流布された場合、どこまで広がるのか、いつまで残るのか……をどのあたりまで具体的に想像できるのかは疑問です。親世代においても、その影響を完全に把握できているでしょうか。子どもの写真が見知らぬ誰かの手にわたった時点で、もう自分たちではコントロールできないものになります。

インターネット上にある動画や画像の削除を代行するサービスなどもありますが、「本当に全部削除されたのか」という不安は常につきまとうでしょう。やはり被害によるダ

〈図10〉【児童ポルノ事件】被害児童の学識別・被害態様別の割合

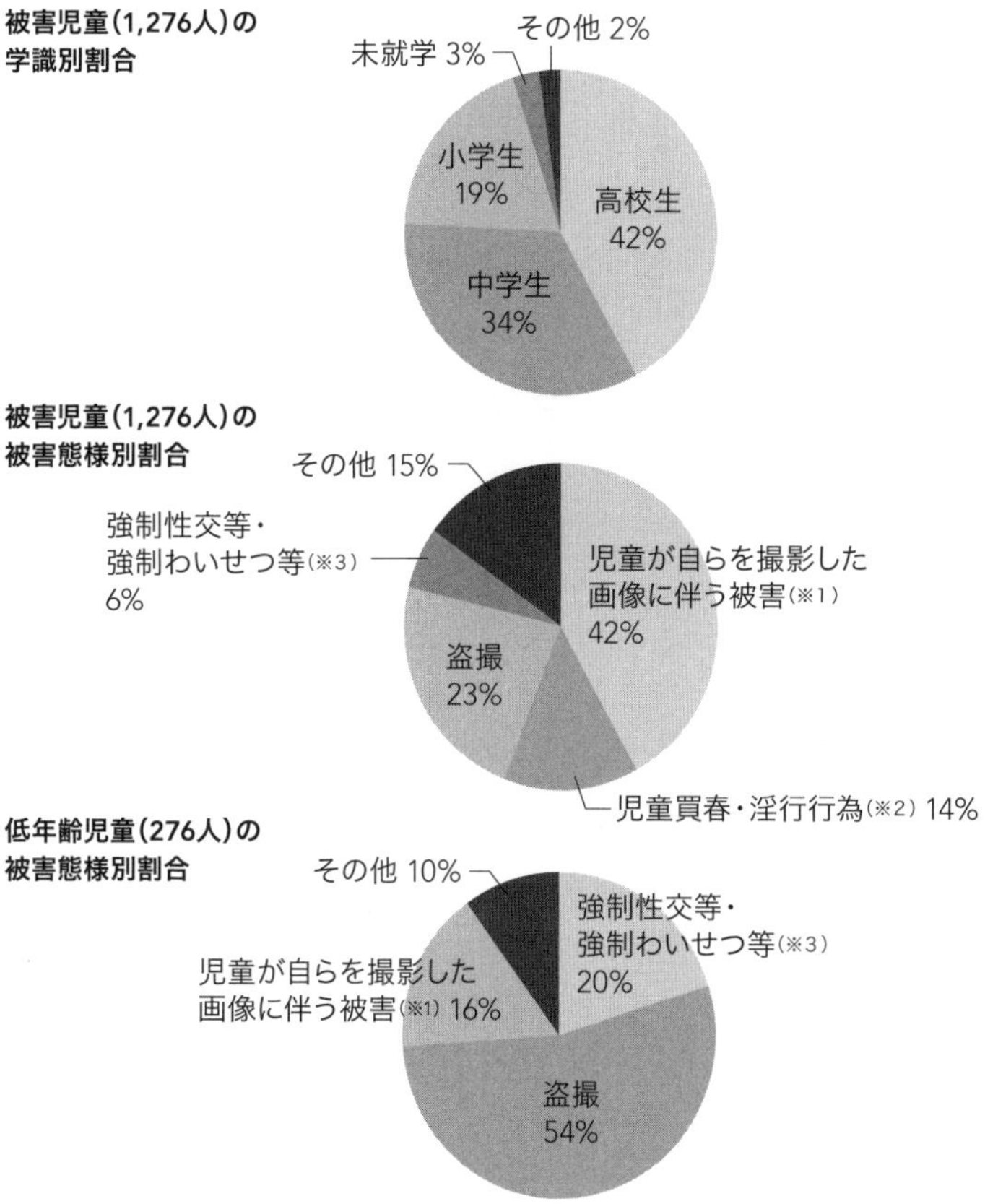

※1　「児童が自らを撮影した画像に伴う被害」は、騙されたり、脅されたりして児童が自分の裸体を撮影させられたうえ、メール等で送らされる形態の被害をいう。
※2　「淫行行為」は、「青少年保護育成条例違反(淫行行為)」をいう。
※3　「強制性交等」には「監護者性交等」を、「強制わいせつ等」には「監護者わいせつ」を含む。

被害児童の学識別割合では、中学生・高校生で被害児童の8割弱を占める。

被害児童の被害態様別割合では、児童が自らを撮影した画像に伴う被害が約4割を占める。

低年齢児童の被害態様別割合では、盗撮が5割強を占める。

メージを長期間受け続けることになります。

それでも、できるだけわかりやすく伝え続けることは大事です。こうした被害を未然に防ぐには、「何をいわれても自画撮りしない、送らない」を子どもに徹底させるのが最も早いからです。インターネットの世界はこれからものすごいスピードで変わり続けます。そんな社会で生きていくための最低限の知識として身につけておくべきことです。

しかし本当にアプローチすべきは、子どもに自画撮りを送らせている大人です。個人で楽しむだけが目的でも大いに問題ですが、商業目的で流布したり子どもを脅迫するために使ったりすることが目的ならばさらに悪質です。現在、各都道府県が青少年保護育成条例によって自画撮りの要求に対して罰則を設ける動きがありますが、大人が子どもを搾取しないための法整備がさらに進められる必要があります。

もうひとつは、盗撮です。先ほど挙げた警察庁**「平成30年における子供の性被害の状況」**では、小学生や未就学児童という低年齢の子どもも被害に遭っていること、その被害態様を見ると、盗撮被害が半数以上を占めていることがわかります。

私たちのクリニックでも、盗撮をした男性からの治療や通院などについての問い合わせが年々増えています。対象が子どもとは限りませんが、加害者は比較的若い世代が多いと感じます。特殊な道具を使わなくても常に持ち歩いているスマートフォンに無音カメラアプリなどをインストールしておけば簡単に撮影できてしまう、といった時代の変化も確実に影響しているでしょう。

盗撮は接触を伴わない性暴力なので、撮られた側が被害に気づきにくいのが特徴です。知らないうちに子どもの写真を撮られ、それがインターネットで出回っていても、被害に遭った子どももその親もまったく把握できない……これでは被害届を出しようもありません。知らないうちに写真だけが拡散されていきます。

学校や学習塾など子どもが集まるところに小型カメラが仕掛けられることもあれば、ショッピングセンターのトイレなどに仕込まれていることもあります。個人が防犯に努めるといっても限界があります。

２０１４年に**児童ポルノ禁止法**が改正されたとき、**「ひそかに第二条第三項各号のいずれかに掲げる児童の姿態を写真、電磁的記録に係る記録媒体その他の物に描写する」**ことも児童ポルノの製造に当たると明記されました。これは盗撮被害をなくすための大きな前進だったと思います。

ほかにも子どもに性加害をするときに、映像や写真を撮影するというケースもあります。後日、自身の性的欲求を喚起してマスターベーションをするために使用するほか、「誰かにいったら、これをばら撒《ま》くぞ」と脅しに使えるという意図もあるでしょう。

被害に遭った子どもにとっては、加害者の手に映像や写真のデータがある限り、いつばら撒かれるか、実はもうばら撒かれているのではないか……と心に安寧が訪れることはないでしょう。被害者を何重にも苦しめる、非情な仕打ちといえます。

児童ポルノ所持の是非

児童ポルノは、それを望む大人たちが性的な興奮や満足感を得るため、あるいは商業的な利益を得るために作られ、流通や譲渡がされるものです。そうした一部の大人にとってはメリットがあるものですが、子どもにとっていいことはひとつもありません。児童ポルノの被写体となるのはまぎれもなく性被害です。

被害に遭った子どもがひとりいる、これだけでも大問題です。性暴力被害について「1 is too many」という言葉があります。被害を受けたのがひとりでも多すぎる、ひとりの被害者も出してはいけない、という意味です。

児童ポルノの問題は、ひとりの被害者の存在によりほかにも被害者が生まれるかもしれない可能性を秘めているというところにあります。私たちがクリニックで行っているのは、再犯防止を目的とした治療プログラムです。その観点からも、いまの社会で児童ポルノの影響力は非常に甘く見積もられていると感じます。

これまで私が直接的、間接的に関わってきた子どもへの性加害者らはほぼ全員、児童ポルノから何らかの影響を受けています。まず、これまでクリニックに通院した者117人のうち112人に児童ポルノ動画や画像を見てマスターベーションをした経験があります。児童ポルノに触れたことがないという加害者のほうが、稀《まれ》なのです。

先ほど盗撮の話が出ましたが、盗撮の問題行動があってクリニックに通っている者が全員、事前に盗撮に関するポルノを見ているわけではありません。

痴漢についても同じことがいえます。痴漢が常習化すると痴漢モノのAVなどを毎日のように見ることになるケースはめずらしくないにしても、最初に痴漢行為に手を染める前にそうしたものを見ていたかというと、全員がそうだとはいえないのです。痴漢は、満員電車でたまたま女性の身体に触れてしまい、その衝撃からはまってしまった、というケースが多く、「もともと痴漢に興味があって、いつかやってみたいと思っていた」者はどちらかというと少数派です。またそのような動画を模倣《もほう》して行動化する痴漢は多くはないこともわかっています。

それらと比べると、児童ポルノと実際の加害行為の結びつきは圧倒的に強いように見えます。

児童ポルノを見ているからといって現実の子どもに加害をするとは限らない――これは断言できます。しかしそれを理由に、加害者らが100％に近い割合で児童ポルノを見ていたという事実を矮小化《わいしょうか》することはできません。

もう一度話を、児童ポルノ禁止法をめぐる議論に戻します。P106で挙げた争点のうち②については、同法の次の事項を指しています。

第七条　自己の性的好奇心を満たす目的で、児童ポルノを所持した者（自己の意思に基づいて所持するに至った者であり、かつ、当該者であることが明らかに認められる者に限る。）は、一年以下の懲役又は百万円以下の罰金に処する。自己の性的好奇心を満たす目的で、第二条第三項各号のいずれかに掲げる児童の姿態を視覚により認識することができる方法により描写した情報を記録した電磁的記録を保管した者（自己の意思に基づいて保管するに至った者であり、かつ、当該者であることが明らかに認められる者に限る。）も、同様とする。

1996年の施行時には「児童ポルノを所持した者」は懲罰の対象になっていませんでした。2014年に改正されてこの事項が追加されましたが、その前には賛成派と反対派による激しい意見の衝突がありました。

児童ポルノの製造が懲罰の対象になるということに対して異論がある人は少ないと思います……が、そうでもないようです。製造の現場には被害児童がいますから、製造に携わる者は関わり方に程度の差こそあれ加害者といえます。しかし〝表現の自由〟として法律で取り締まることに反対する意見があります。

ヘイトスピーチに対しても表現の自由を主張する声は根強くありましたが、2016年にヘイトスピーチ解消法（正式には、本邦外出身者に対する不当な差別的言動の解消に向けた取組の推進に関する法律）ができました。他者を攻撃し、貶《おとし》め、その尊厳を奪うことは表現ではなく、暴力です。人に暴力を振るう自由などあっていいはずがありません。

同じく子どもの人生を大きく左右しかねないほどの搾取、加害行為をすることも〝表現〟とはいえないでしょう。これもまた暴力、虐待行為でしかないことを関わっている人たちはよく自覚しなければなりません。子ども自身が同意していたといっても、その子がこの先受けるであろう苦痛や将来にかけての影響を理解しないままの同意は、真の同意とはいえません。

子どもへの加害行為を前提として製造されたものを流通、インターネットなどで拡散させることもまた違法とされるのは、納得がいきます。一連の流れに関わることは表現でもなんでもないでしょう。

ではそうした児童ポルノを〝所持する〟ことについてはどう考えればいいでしょう。

単純所持とはその目的が「自己の性的好奇心を満たす目的」である場合に限られています。研究や報道を目的として所持している場合は該当しません。また「自己の意思に基づいて所持するに至った者であり、かつ、当該者であることが明らかに認められる者」のみが懲罰の対象になります。つまり「嫌がらせなどで、その人が所有するパソコンに児童ポルノの動画を入れておいた」などの場合はこれに当たらないということです。

法改正以降、単純所持で検挙される数は大幅に増えています。しかしこれもまた氷山の一角であることはいうまでもありません。

加害者臨床の現場では、単純所持についてはどう捉えているのか。先に結論をいうと、法律で禁止されることは妥当であると考えています。

個人の性的嗜好を法で規制することの是非を問う声があります。児童ポルノの製造が表現の自由なら、所持するのも自由だという主張です。しかし、彼らが楽しんでいるものは子どもの犠牲のうえに成り立っています。そうした児童ポルノに需要があるという前提のもと、また新たな児童ポルノが製造され、被害者が増えます。〝個人のお楽しみ〟で片づけていい話ではないのです。

「現実とファンタジーの区別はついている。児童ポルノを見ても、実際の子どもに手をかけるなんてことはない」というのは、典型的な認知の歪みのひとつです。自身が子どもに加害行為をしてなくても、それに加担している事実に蓋《ふた》をしています。

児童ポルノは確実にトリガーになりうる

そして先述したように、当院のデータでは加害経験がある者の100%近くがなんらかの児童ポルノを見ているという事実があります。

> 平成29年5月に警視庁などが摘発した国内最大規模の児童ポルノ販売サイトをめぐり、同サイトからDVDを購入し、所持したとして、児童ポルノ禁止法違反（単純所持）の疑いで約870人が全国の警察に書類送検されていたことが11日、捜査関係者への取材で分かった。捜査の過程で一部の容疑者が子供に性犯罪をした疑いが判明し、そのうち少なくとも約20人が強制わいせつなどの疑いで15府県警に逮捕された。
>
> 警察当局は児童ポルノが子供を狙った性犯罪の入り口になっているとみて、取り締まりを強化する。
>
> ――産経新聞　2018年12月11日

一度に870人もが書類送検されるとは、大捕物《おおとりもの》です。そのうち現実の子どもに加害をしていたのが約20人。全体の約2%ですから、この数字だけ見るとごく一部の対象者の問題だと感じられるかもしれません。しかし、加害者1人につき被害者が1人とは限りません。前述したとおり逮捕されるまでに1000人以上の子どもに性加害をした者もいるので、被害児童はかなりの数にのぼると見るべきです。

警察の「子供を狙った性犯罪の入り口になっている」という見解は、児童ポルノをめぐる問題の本質をずばり言い当てています。小児性愛障害と診断された者たちは、生まれながらにして子どもへの性的嗜好を持っていたわけではなく、社会のなかでそれぞれ動機を学習し、身につけ、強化していきます。児童ポルノはそのきっかけとなっている可能性がとても高いといえます。

もしこの社会に児童ポルノがなかったら。そんな〝たられば〟をいってもしょうがないですが、子どもへの性的嗜好に気づいたきっかけが児童ポルノとの出合いだったというエピソードは定番中の定番です。

そして児童ポルノを通して彼らは「子どもは性的な存在である」というメッセージを受け取り、認知を歪めていきます。見れば見るほど、それを利用してマスターベーションすればするほど強化されていきます。被写体となっている子どもは、そう見られることを嫌がっているような顔はしていないでしょう。歪んだ認知でもって見れば、むしろよろこんでいると受け取れる笑顔を向け、みずから積極的に扇情的な振る舞いをしているように見えるはずです。そして彼らの認知は、ますます偏っていきます。

P33で紹介したとおり、児童ポルノにまつわる認知の歪みには、「児童ポルノがあるから現実の子どもにいかなくて済んでいる。なければ、子どもへの性犯罪はもっと増えると思うよ」というものがありますが、これはまったく逆です。児童ポルノに触発されて実際の子どもに加害行為をする者は少なくない、と考えるほうが現実的ですし、そのように語る加害者に私は何人も会ってきました。

加害行為をする前には、きっかけがあります。これをトリガー（引き金）といいます。クリニックに通院する者たちに「加害行為の前に何をしていたか、どんな状態だったか」を振り返ってもらうと、子どもとのセックスを想起し過剰なまでにマスターベーションをしたというエピソードがよく出てきます。1日に8回もしていたという者もいました。いうまでもなく、そのときには児童ポルノがセットになっています。児童ポルノは確実にトリガーとなりうるものなのです。

児童ポルノに出合わなくとも、なんらかのきっかけで彼らが子どもへの性的関心を抱くようになった可能性はあります。けれど児童ポルノに出合わなければ、パンドラの箱が開き、それが強化され、認知が歪むプロセスをどこかの段階で食い止められた可能性は無視できません。

児童ポルノと表現の自由について議論するときは、常に被害を受ける子どもの存在を前提とすべきです。これを加害者臨床では「ダブルクライエント構造」と呼んでいます。

これに対しての反論に「〝被害者のいない児童ポルノ〟もある」というものがあります。

P106で挙げた争点①に当たる、「漫画、アニメ、CGを利用して作成された〃子どもにしか見えない〃人物の性的な描写」のことです。それらは現実の子どもを傷つけておらず、ただ個人で楽しむことを目的に作られたものなので、それを規制されることはそのまま表現の自由を侵害していることになるという主張です。

実在しない架空の子ども、非実在の子どもが描かれる児童ポルノは、たしかに直接的には被害者を生んでいません。視覚に訴えず文章だけで記された、小説のようなポルノもこれに該当するでしょう。日本では、どう見ても子どもにしか見えない人物をモデルとした性的描写のある漫画やアニメ、ゲームなどが多数、流通しています。同人誌など個人が直接販売するものも含めると、数えきれないほどになるはずです。1996年に施行された児ポ禁止法を見直すにあたって、この問題は大きな争点となりました。

改正の前年に当たる2013年、世界最大規模の同人誌即売会「コミックマーケット(全国同人誌即売会連絡会)」は「『児童ポルノ禁止法案』に対する意見表明」を発表しました。それまでにも、日本漫画家協会や全国同人誌即売会連絡会が反対の声明を出していましたが、それらに対する支持を示したうえで、みずからも「創作上の、発想と発表の自由が必要」「才能に枷《かせ》をはめる事は、名作が生まれる可能性の芽を摘む」として強い反対の意思を表明しました。

「現実に被害者が存在する児童虐待、児童の性的搾取に立ち向かう取り組みを支持することを表明いたします」とも記されていますが、これは、児童ポルノと現実の子どもへの被害の実態をほとんど知らないからこそ出てきた一文だと感じます。

結局、漫画やアニメ、ＣＧによる子どもの描写を児童ポルノとしてその製造や運搬、提供、陳列だけでなく単純所持も懲罰の対象としようという改正案は見送られました。しかし、このことが議論され尽くしたようには見えません。


クリニックに通う小児性愛障害者らと接していると、彼らが実在する子どもと、そうでない架空の子どもとを明確に区別しながら児童ポルノを利用していたとは感じられません。また、ここで議論されているものとは少しずれますが、アダルトビデオなどでは18歳以上の女性を出演させ、明らかにそれ以下の年齢の子どもを演じさせるケースがあります。服装やメイクによっては、10代前半といわれても何ら違和感がないといいます。

実際には18歳以上ですから商品内で性交、または性交類似行為を見せることは法に触れません。しかし見る側は、そこに〝子ども〟を見ます。なかには本当の子どもでないと興奮できないという者もいます。小学校低学年の子でしか興奮しないというのです。さすがに18歳以上の女性がそれを演じるのは無理があります。しかしたいていは〝子どもに見える〟のであれば、それをリソースとして空想を広げることは十分可能のようです。

漫画やゲームでも明らかに子どもの姿態を描いていながら、その登場人物の年齢を18歳以上に設定するという手法は、よく採用されています。

いずれも現在の法律では、「現実の子どもが被害に遭っているわけではないから問題ない」とされてしまいますが、やはり大なり小なり見る者の認知に影響を与える可能性が高いといわざるをえません。特に漫画やアニメ、ゲームなどでは子どもの身体が大きくデフォルメされ現実離れしたものになっていたり、行為の内容も過激になっていたりと、極端な描写になりがちです。くり返し見れば認知に多大な影響を与えるほどのインパクトがあります。

「現実とファンタジーの区別はつく」――児童ポルノを愛好する人たちの常套句《じょうとうく》ではありますが、果たして本当にそうでしょうか？

日本ユニセフでは２００８年に「なくそう！　子どもポルノ」キャンペーンを展開しました。そのときにアイルランドのエセル・クエール教授が寄稿した報告書の訳文を、「被害者のいない子どもポルノ？」として現在も同団体のＨＰで読むことができます。

　子どもポルノをオンラインで見るということと、（実際の子どもへの）接触犯罪を犯すということとの正確な関係ははっきりしていません。（中略）しかし、こうした画像を視聴することと犯罪を犯すこととの相互関係についての調査は、いろいろと試みられています。一例はアメリカのヘルナンデス氏による刑務所内の入所者に関する調査です。それによれば、実際に子どもポルノを受動的に視聴した人の76%が接触犯罪を犯していたというのです。研究の方法論にも違いがあり、調査結果も様々です。例えば、視聴した者の12%が実際の犯罪を犯すというものから、40%が犯すというもの、さらにはヘルナンデス研究におけるように、80%近くが画像を見るだけではあきたらずに子どもに対して接触犯罪を犯したというように幅のある調査結果が出ているのです。

これは、たいへん重要な指摘です。

先に紹介した、国内の児童ポルノ所持一斉摘発の新聞記事では870人中20人に強制わいせつなどの疑いがあったということでした。それと比べると、この76%というのは驚きの数字です。研究の方法論によってずいぶん差が出るとはいえ、たとえ12%だとしてもそれは少ないとはいえません。

こうした調査結果を踏まえ、日本における児童ポルノの現状に対して同教授は、「インターネット上に掲載されたマンガによる日本の子どもたちの性的利用が、決して日本国内に限られるものではない」「日本で作られた子どもの虐待画像が他国の人々によってその性的欲求を満たすために使われている」と注意を喚起しています。

児童ポルノを愛好するほとんどの人が現実とファンタジーの区別がついていても、そのなかから1人でも現実に加害をする者が出てくれば、それは対策が必要だということです。小児性犯罪は特にその傾向が強いということが、世界でも明らかにされつつあります。

子ども（にしか見えない者）を性的対象としていい、性行為をしていいという認知を持つ者が少なからずいる社会は、子どもにとって安全に生きられる社会ではありません。この認識が広く浸透していくことが、子どもへの性暴力を抑止することにもつながります。

近年はメディアでもそうした動きが見られるようになりました。

2019年にSNSを提供するツイッター社が、「児童の性的搾取に関するポリシー」を設け、児童の性的搾取に該当するコンテンツやこれを助長する行為を一切禁止すると発表しました。

具体的にどのようなコンテンツを指しているのかというと、「性的に露骨な、または性的な暗示を含む行為をする児童の視覚的な描写」「性的に露骨な状況または性的に露骨な行為をする児童のイラスト、コンピューターなどで作成した写実的な描写」など、要は視覚的に刺激を与えるものを挙げています。

加えて「児童の性的搾取についての想像を表現したり、児童の性的搾取を助長する」「児童の性的搾取に該当するコンテンツについて、入手したいという願望を表現する」ことも禁止事項に含まれます。「空想、衝動」を表現するのも違反だということです。

違反に対する措置は、アカウントが即座に永久凍結され、さらに今後新規アカウントを作成することも禁じられるという、厳しいものです。

「空想する」「衝動を覚える」と、「その空想や衝動を表現して発信する」のあいだには、大きな隔たりがあります。利用者は「空想する」「衝動を覚える」を禁じられたわけではないのです。しかし、このポリシーに対する反応として「内心まで規制するのか」「空想するのは自由だ」といった声が多く上がったところを見ると、逆説的に、この空想、衝動が当事者にとって非常に重要なのだとわかります。

児童ポルノは非常に衝撃的なものです。それとの接触により子どもへの性的嗜好という扉が開き、のめり込むと後戻りできなくなる。認知が歪んでいくと、実際に加害行為を「する」のと「しない」とのあいだにある溝はどんどん埋まっていく……そんなイメージが世界で共有されつつあるということではないでしょうか。

ここまで見てきた児童ポルノは、映像メディア、印刷メディアによって製造、提供され、所持されるもの、つまり視覚に訴えるものに限られています。が、そこからこぼれ落ちるものも少なくないと思います。

たとえば、セックスドール、セックスロボットといわれるもののなかに、その姿態が10

歳前後～10代半ばの子どもにしか見えないものも存在しています。イギリスの放送局BBCによる『Sex Robots And Us』という番組では、司会を務める男性が日本のセックスドール工場を訪れました。そこで彼が目撃したのは、子どもの体つきをしたリアルなセックスドールです。

工場長は「このドールが何歳かは、ユーザーの想像に任せている」「これは日本国内でしか販売しない」とコメントしましたが、司会の男性は架空とはいえ子どもが性対象とされていることにいたたまれなくなったのか、工場の外に出て涙を拭います。イギリスでは、本物の女児そっくりのセックスロボットは輸入が禁止されているといいます。対象となっているのは、主に日本や中国、香港で製造されているロボットです。オーストラリアも同様の輸入禁止例が出ています。

どれだけ幼く見えても、工場長のいうとおり日本の市場では堂々と流通できます。児ポ禁止法はこうしたセックスドールを対象にしていません。しかし、これも現実の加害行為のトリガーとなることは間違いないでしょう。ほかにも男性向けの性玩具では、幼い女の子を想起させるものが多数、販売されています。

アメリカでは2018年から、本物の女児そっくりのセックスロボットの輸入禁止が議会で審議されているそうです。こうしたロボットが子どもを性対象とする者たちの性的欲求を抑制するのに役立ち、現実の子どもを守る手段として有効だという声はアメリカでも上がっているようですが、専門家は「それを裏づける科学的な根拠はない」といい、さらに「女児のセックスロボットは小児性愛者の歪んだ性的嗜好を助長し、倫理的な感覚を麻《ま》痺《ひ》させ、より病的な嗜好へと導くリスクがある。決して放置すべきではない」と語っています。

イギリスでは、違法に輸入された女児型セックスロボットを大量に押収した結果、それまで当局が把握していなかった小児性愛障害者の特定につながったという報道もありました。

このように世界では、子どもへの性的嗜好を持つ者が児童ポルノに慣れ親しむほど、その関心をより強化する可能性が高いと明らかにされつつあります。それと比べ、日本は完全に出遅れているといえます。

いま現実の被害児童を出している児童ポルノを厳しく規制するのは、当然のことです。それと同じくらい、これから被害者を出すかもしれない非実在の子どもを描いた児童ポルノにも厳しい視線が向けられるべきではないでしょうか。

第5章 犯行現場——加害者はすぐそばに

子どもに性嗜好を持つ者たちが、どのようにして犯行に及ぶのか——子どものことを大切に思うすべての人が気になるところでしょう。危険から少しでも遠ざけたくて、大人は子どもに「あやしい人に気をつけなさい」「知らない人についていかないように」と言い聞かせます。早くから防犯意識を子どもに持たせることは、とても大事です。

しかしそれ以前に、誰が、いつ、どこで、どのようにして子どもに加害行為をするのかを私たち大人がよく知っておく必要があります。小児性犯罪者については先入観がとても強く、それによって本当に警戒すべき人物や場所、時間帯、状況などが見えなくなっていると感じます。

「あやしい人」といいますが、いまクリニックに通院している小児性愛障害者のほとんどは、見た目はごくごく平凡です。あやしくは見えません。いってしまえば、どこにでもいそうな人。強いていうなら、年のわりにやや童顔で線が細く、柔和なイメージの者が多く、子どもの目には、やさしそうなお兄さん、おじさんに見えます。彼らの多くは子どもの警戒を解きながら近づき、仲よくなり、一定の関係性を築いたうえで問題行動に及ぶのですから、子どもが怖がるような風貌ではないのです。

こんなケースを紹介しましょう。

＊＊＊＊＊＊＊＊G　男性・39歳

子どもに興味はなかったんです。だって僕は妻も子どももいます。ずっと真面目に生きてきました。学生時代は生徒会長を務めて、周りからは優等生といわれていました。大学は国立大学の教育学部に進んで、そのまま小学校の教員になったんです。

そしたら子どもたちがかわいくてね。でもかわいいのは、いまだけなんです。子どもはどんどん成長しますから。だから、写真を撮っておくことにしました。成長の記録ですよ。

彼の初対面の印象は、いかにも真面目で善良そうな中年男性です。職業は教員と聞くと、その見た目からして、意外に思う人はほとんどいないでしょう。きっといいお父さんなんだろうな、とすら思ってしまいます。しかし彼は、教え子に性加害をしていました。勤務先の小学校で10歳前後の女子児童を盗撮し、複数人に悪質なわいせつ行為をくり返していました。彼は結婚生活を営んでいたことから、成人女性も性対象となるタイプの小児性愛障害者だとわかります。

子どもへの性嗜好を本人が自覚したのは、大学を卒業し、教員として小学校に勤務するようになってからです。低学年の担任になり、日常的にその子たちと触れ合うようになってはじめて、自身のなかにある「子どもに性的な接触をしたい」という願望に気づいたそうです。

最初はデジカメを使用して女子児童の健康診断の様子などを盗撮していましたが、その後エスカレートして、子どもの下着のなかに手を入れたり、性器を触ったりといった、わいせつ行為をするようになりました。犯行現場は、すべて校内でした。

その加害行為が発覚した後、懲戒免職になり、妻とは離婚協議中。教員に復帰する意思はないものの、クラスの子どもたちが忘れられなくて夢にまで出てくるといいます。被害に遭ったことを忘れたくとも忘れられない日々を送っている児童と比べると、ずいぶん身勝手ないい分に聞こえます。

子どもにとって〝学校の先生〟は保護者以外では最も身近で、最も信頼できる大人である場合が多いと思います。長い時間を一緒に過ごし、自分のこともよく知ってくれています。社会的な信頼も厚く、保護者から「先生のいうことをよく聞きなさい」と日常的にいわれている子も多いでしょう。Gは、その立場を利用しているのです。

子どもに性加害をするのは〝誰〟なのか。これまで加害者の実態を明らかにしてきましたが、本章では子どもとの関係という側面から考えます。「平成27年版 犯罪白書」には、加害者と被害者の関係について興味深いデータがあります。

○小児強姦型：3割弱が親族であり、親族以外の面識のある者は4割弱
○小児わいせつ型：1割強が親族であり、3割強が親族以外の面識のある者

残りが、面識のない関係での犯行になりますが、全体的には親族含め、お互いに知っている同士の関係のなかで子どもへの性加害が行われるケースが非常に多いといえます。「あやしい人」「知らない人」に気をつけるのはもちろんですが、それだけでは不十分だとわかります。

なお、同白書では小児強姦型については「親族以外の面識のある者について、面識のきっかけの過半数はインターネットの出会い系サイト等によるもの」、小児わいせつ型についても「親族以外の面識のある者との関係性について見ると、日頃から関わりのある者が多い」とあり、防犯を考えるうえで大きなヒントとなります。

とはいえ、性加害をする大人と子どもとの接点はインターネット上だけにあるわけではありません。子どもの日常に加害者は潜んでいます。

子どもへの性加害をする者たちの特徴として、職業を通して行動化するということがまず挙げられます。これは、ほかの接触型の性犯罪にはあまり見られない特色です。加害者たちは子どもと接点の多い職業を意図的に選び、加害行為をしやすい環境をみずから整えているといえます。前出のGは、まさにその典型です。

子どもに性加害しやすい職業とは

子どもにとって身近な存在の大人というと具体的には、教員をはじめとする学校職員、学童クラブのスタッフ、保育士、塾講師、スポーツインストラクター、ガールスカウトやボーイスカウトのスタッフなどが挙げられます。いずれも、子どもに何かを教え、指導する立場です。P12で紹介したAも塾講師です。

ここでP52の〈図3〉をもう一度見てください。クリニックに通う者らのうち、自営業も含む有職者は全体の56％でしたが、そのうちの3割近くが教員、塾講師、スポーツインストラクターなど子どもに指導的な立場として接する職業でした。どれも子どもにとっては、身近でありながら権威的でもあります。

性暴力とは、権力関係を利用して行われるものがほとんどです。加害をする者は、される者より優位な立場にあり、それに乗じて相手の抵抗を封じて加害行為を遂行します。これは成人間の性加害にも当てはまりますが、小児性犯罪の場合は、まず大人と子どもというだけで圧倒的に大人が優位に立っています。それに加え、教える側と教えられる側という上下関係もあります。

みなさんも自身の小中高時代を振り返ってみてください。先生に直接異を唱えたり反抗したりする生徒は、少なかったのではないでしょうか。だいたいの生徒は先生のことを目上の人、逆らってはいけない人として見ていたと思います。学校内には独特の力関係があり、先生とは従うべき存在です。

学校という特殊な場と自身の圧倒的な優位性をどのように利用して、彼らは加害行為に及ぶのでしょうか。

学年末、山本の切り札は大学進学を左右する教師の権力だった。

「私立大の推薦枠を確保しよう。早稲田でも、慶応でも。その代わり、引き続き会いたい」

「そんなこと……できるんですか」

返事まで間が空いた。

「勉強は頭に入らなくて成績は急降下してたし……。まともに受験したら受かりそうにない。効果があると思ったんでしょう」と智子さんは振り返る。
「そのために三年生も担任になる。連絡しやすいように携帯電話を渡すよ」
山本は畳み掛けた。
——池谷孝司『スクールセクハラ なぜ教師のわいせつ犯罪は繰り返されるのか』(幻冬舎)

指導的な立場にある人はそれだけで優位ですが、加えて子どもの将来に関わる決定権を持ってもいます。部活やスポーツ教室、音楽教室などにおいて「大事な大会への選出メンバー」を決めるのも、たいていは教員、指導者です。

『スクールセクハラ〜』から挙げたケースのようにはっきりと言葉にして要求しなくとも、「内申書に悪く書かれるかも」「選手に選ばれなかったらどうしよう」「先生のいうとおりにしないと」と子どもから敏感に察知することもあります。

子どもの弱いところを握っている大人にとって、明確な暴力や脅迫のないまま加害行為に至ることは、さしてむずかしいことではないはずです。子どもと大人、生徒と教師は決して対等ではないのです。

また、「自分だけを特別目にかけてくれている」と子どもが受け取り、その期待に応えたいと思って行動することもあるでしょう。次に挙げるのは自分が教員として勤めていた小学校の生徒ではなく、別の学校の生徒に対して加害行為に及んだケースです。

＊＊＊＊＊＊＊＊＊H　男性・51歳

彼女と出会ったのは、ゲームアプリを通じてです。いま子どもたちのあいだで流《は》行《や》っているスマホゲームなのですが、通信機能があってプレイヤー同士が交流できるんです。

そこで小学4年生の彼女と出会いました。最初はゲームの話をしていたのですが、彼女は徐々に友だち関係がこじれているとか塾に行きたくないとか、個人的な悩みを打ち明けてくれるようになりました。そういう相談なら、僕も乗ってあげられる。だから実際に会って話を聞くことにしました。「僕も小学校の先生なんだよ」というと、安心してくれたようでした。ラブホテルに行ったのは、人が多いところだと彼女が話しにくいと思ったからです。それだけです。

学校は違ってもその小学4年生の女子児童は、先生だからということで彼を信頼したはずです。Hがわざわざ自分から教員であることを明かしたのは、そうなることを期待していたからでしょう。

こうした職業に就いていると、子どもが何に悩んでいるのか、どういう助けを必要としているのかをよく知っています。本来その能力は子どもを教え導くために必要なものですが、Hは悪用して女子児童に何度も加害行為をしました。裁判では「相手も同意していた」と主張しました。彼が同じ手口で性加害をしていたのは、この女子児童だけではなくかなりの人数いることがわかっています。

Gのように仕事として子どもと日常的に触れ合うようになってからその性嗜好に目覚める者もいますが、早くから自分の子どもへの性嗜好に気づいていて、それが動機となってその職業を目指す者もいます。加害者臨床の現場にいると、残念ながら後者の例は少なくないと感じます。

Iという男性は、大学進学の際、児童福祉学科を選択しました。いまとなっては彼も10代の半ばくらいから自身の性嗜好をうっすらと自覚していたことを認めていますが、当時は純粋に「子どもが育つのをサポートする職に就きたい」という動機で進路を決めたといいます。

彼は在学中、子どもに性加害をくり返していて逮捕されますが、それは学業とはまったく関係のないなかで起こした事件です。しかし、こうしたことが起きると、やはり彼が子どもと接する職業を志した裏には、子どもに性的な接触がしたい、子どもと性行為をしたいという強い動機があったと思えてならないのです。

子どもに関わる職業のなかには、数年単位で大学や専門学校に通い、勉強して資格を取得し、厳しい採用試験を経てはじめて就けるものがあります。ここに彼らの、子どもに触れたいという動機の強さが表れているように見えます。

とはいえ、こうした職に就く人がすべて、子どもへの性的関心を持っているわけではありません。子どもを教え導きたいという純粋な志でもってその職業に専念している人がほとんどであることは、いうまでもないでしょう。

その職業を通じて子どもに加害をする者がいると指摘することは、そうした人たちを否定することでも、彼らのなかにも子どもへの性嗜好があるのではないかと疑うものでもありません。偏見を助長しようという意図も、まったくありません。

ただ、そうした環境を利用して加害行為をする者が少なからずいることは広く知られるべきだと思います。

２０１７年、男性保育士による女児の着替え補助についての議論が百出しました。ある自治体に女児の保護者から「男性保育士にうちの子の着替えをさせないで」と要望があったことに対して、その自治体の首長がＳＮＳに異論を投稿したのがきっかけでした。インターネット上では、特に女性の保護者からの「着替えをさせたくない」という声と、男性保育士というだけで「子どもに性加害するのでは」という目で見るのは偏見であり男性差別であるという声とが激しくぶつかり合いました。当事者である男性保育士から「専門職として求められていないと感じる」という意見もありました。

この問題にはいくつもの議論すべきポイントが内包されていますが、子どもへの性加害という観点から見ると、安易に「男性保育士が女児の着替え補助をしてもいい」とはいえないと感じます。そうした接触が目的でその職業を選ぶ者が現実にいるからです。しかし男児なら問題ないかというと、小児性愛障害と診断される者のなかには男児を対象とする者も少なからず存在するという問題があります。

着替えの補助が必要なほど幼い子となると、自分で被害を訴えることは当然できません。ですから、現在わかっているよりもずっと多い加害行為が、今日もどこかで起きています。どのくらいの子どもがどんな被害に遭っているのか……。被害の実態がほとんど明らかになっていない状態で議論すること自体、無理があるように思います。簡単な調査ではありませんが、実態を明らかにすることがまず先決ではないでしょうか。

教育現場で隠ぺいされる性加害

教える側の優位性は、教員から生徒への性加害が発覚したときにも発揮されることがあります。周囲が表沙汰《おもてざた》にしないように働きかける、つまり子どもの被害が被害と認められない一方で、加害者が守られることが少なくないのです。そして教員として勤め続け、子どもたちと接触し、また新たな被害者を出します。

過去にこんなことがありました。

小学校で教員として勤務していた男性が、同校に通う女子児童に強制わいせつをした疑いで逮捕されました。彼には別の小学校で教員をしていたころ、類似の事件で逮捕されていた過去がありました。子どもへの性的嗜好を強く持った人物であることは明らかで、そのときに教育委員会から懲戒処分を受けました。

彼はその処分を受け、勤めていた学校を依願退職しますが、教員免許状を失効することはなく、別の自治体で復職しています。過去の賞罰について問われることはありませんでした。つまり、彼がした子どもへの性加害は〝なかったこと〟になり、再び子どもと接する現場に舞い戻ったのです。

一度でも子どもへの性加害が発覚した者は、子どもと接する仕事に二度と就くことができないというルールがあれば、その女子児童は被害に遭わずに済みました。教職とは関係のない職業に就いて、そのうえで再犯してしまう可能性もありますが、日常的に子どもと一緒に過ごす職場はそれと比べようもないほどハイリスクです。

このケースでは教員免許状を失効しませんでしたが、失効したとしてもたった3年で再取得できる場合があるのが、日本の現状です。

海外では、こうしたことがないよう厳しい措置を取られている国が多くあります。たとえばイギリスでは、子どもや障害者と1日に2時間半以上接する職業に就くときには、子どもや障害者を危険に晒すような犯歴がないことを示す証明書を取得し、事前に提出しなければならないそうです。

理想をいえば、子どもを性対象とする者は最初から教育現場に採用しないことです。つまり犯罪に対する一次予防です。

しかし、それは実質的に不可能です。人の性嗜好はプライバシーに関わることなので、強制的に開示させることはできないからです。特に子どもを対象とする者は自身の性嗜好を必ず隠します。一緒に暮らす家族ですら知らないことがほとんどです。

しかし教職員から児童への性加害が多いという現実を受け、水際で食い止めようという動きも国内で見られます。長崎県では2019年度から公立学校の全教職員1万4千人を対象に「自己分析チェックシート」を導入すると発表しました。自身の性嗜好を客観的に確認するために、「生徒に関する性的な想像や考えを持っていても、生徒を傷つけていないからそんなに悪いことではない」「生徒によっては他の生徒よりもはるかに大人っぽい子もいる」などの設問が用意されているそうです。

目的は、子どもへの性加害を減らすことにあります。結果は自己採点なので採用や人事に直接的に影響することはないようですが、みずから危険性が高いと判断すれば、専門機関に相談できます。あくまで自己申告なのでどこまで効力を発揮するかはわかりません。くり返しになりますが、小児性愛障害者はその性嗜好を徹底して隠したがります。けれどこの試みには、たくさんの被害者を出している現状を変えようという強いメッセージを感じます。データを積み重ねてこそ多くのことが見えてくるはずなので、ぜひ継続的に実施してほしいと思います。

教育の現場にいれば、彼らの多くはいい先生といわれます。教育熱心で、子どもたちからも慕われているからです。これは子どもに性加害をした者に共通していえることです。彼らは子どもから好かれるのです。

彼ら自身が子どもを好きで仲よくなるよう努めますし、Hのように職業柄、子どもの流行などに詳しい者もいます。子どもから近寄りがたいと思われるような人物でいるより、〝面白いおじちゃん〟〝やさしいお兄ちゃん〟〝いい先生〟でいるほうが、彼らにとって有利なのです。それゆえ、加害行為が発覚し事件化したとき、周囲は「まさかあの人が」と思うことになります。

人気の先生に好かれることを、子どもはうれしいと感じるものです。先生でなくとも、自分のことを気にかけてくれるやさしい大人に子どもは心を開きます。そのタイミングを見計らって加害をするのですから、卑劣極まりないのです。

いつ、どこで性加害は起きる？

子どもへの性加害は〝いつ〟〝どこ〟で行われるのでしょう。

これを解説する前に知っておいてほしいのが〝犯罪機会論〟という考えです。立正大学文学部教授で社会学博士の小宮信夫氏が提唱しているもので、氏は子どもを犯罪から守る「地域安全マップ」の作成を推進しています。

犯罪が起きたとき、その加害者に原因があると考えるアプローチを〝犯罪原因論〟といいます。どんな生育歴があり、どんなきっかけからどんな動機を得て加害行為に至るのか……これは私たちがクリニックで日々、加害経験者と向き合うことで明らかにしようとしていることでもあります。

対して〝犯罪機会論〟は、「犯罪が成功するチャンス（機会）があったから、犯罪が発生した」という考えです。小宮氏は「犯罪が成功しそうな雰囲気」とも表現しています。その雰囲気があれば、誰でも罪を犯す側になるかもしれない……と考えると空恐ろしいですが、裏返すと、機会をなくしてしまえば犯罪は発生しないということになります。

その雰囲気は場所、状況、環境などの条件が揃ってはじめて現出するものです。子どもが助けを呼べそうな場所、人目がある状況では、そんな雰囲気にはなりません。

〝犯罪原因論〟は犯罪が起き、犯人がわかってはじめて得られる情報が多く、犯罪を未然に防ぐにはあまり有効とはいえません。犯罪の機会を未然に潰して犯罪が起きないようにするには〝犯罪機会論〟が役立つでしょう。

その観点を持ちつつ、さらに、クリニックに通院する者らから聞き取った話をもとに〝いつ〟〝どこ〟で子どもへの性加害が起きやすいのかを検証します。

まず時間ですが、下校時間に合わせて加害行動をする例が最も多いと感じます。具体的にいうと午後3〜5時です。登校時は、小学生だと集団登校をするところもあり、多くの人の目に触れやすいといえます。それよりも子どもがひとり、ないしは少人数で行動し、人目も少なくなる放課後のほうが、彼らにとってはチャンスとなります。

クリニックでヒアリングをすると、彼らは必ずといっていいほど事前の下調べをしています。面識のある子どもに加害をする場合も、面識のない子どもに加害をする場合も、それは変わりません。

子どもが学校から帰る時間や通学路、習い事に出かける時間、どの公園に遊びに行くか……などをつぶさに把握しています。そのどこに死角があるか、どのタイミングで子どもがひとりになるのか、といったことも何度も頭でシミュレーションします。

下校時間はたいていの大人にとっては仕事をしている時間ですが、下調べや犯行のために仕事を休むこともあります。また夏休みや春休みなど、学校の長期休みはチャンスが増える時期だと彼らはいいます。子どもにしてみれば、楽しい休みがハイリスクだということです。

〝どこで〟については、当然ではありますが、人目につかないところを選んで子どもに加害行為をします。かといって、特殊なところではありません。人目がなくとも、子どもを連れてくるのがむずかしい場所であればそこは犯行場所にはなりません。

人がたくさんいても保護者と一緒にいても、子どもがひとりになって誰にも見られないタイミングというのを、彼らは徹底的に探します。〝目的を達成しやすいかどうか〟という加害者目線で空間を見直すことが、防犯になります。

たとえば、トイレは犯罪の現場になりやすいとわかっています。公園のトイレ、大型ショッピングセンターなど商業施設のトイレ、駅のトイレといろいろありますが、どこであれ、加害者は子どもがひとりになるタイミングを狙っていると知れば、子どもに「ひとりでトイレに行ってきなさい」というのは、避けるべきだとわかるでしょう。しかも彼らは下見をしています。保護者よりも子どもよりも、加害者のほうが場を熟知しているということです。その場所に対する優位性に対抗するには、子どもをひとりにしないことしかありません。

たいていの加害者は、自身の生活圏内で加害行為をします。長距離を移動し、自分と縁もゆかりもない場所で行動化するのは、少数派といっていいでしょう。なかには自宅に連れ込んで加害行為をする者もいます。彼らにとって遠方は、都合が悪いのです。

生活圏内であれば顔見知りに遭遇するリスクもありますが、それよりも、見知った場所には情報量が多いというメリットがあります。子どもは大人より行動範囲が狭く、同じ公園に毎日のように行きますし、学校、習い事、地域の友だちの家など行くところが限られています。そこに至るルートも、だいたい決まっています。

学校の教師であれば、勤務している学校の校内で加害行為に及ぶケースは少なくありません。ずいぶん大胆な行動だと思われるかもしれませんが、教室で児童に接触したり、更衣室で盗撮をしたりといったことは、場所だけでなく人がいなくなる時間帯などを熟知しているからこそできるのです。

ターゲットになりやすい子どもとは？

加害行為をしやすい場所、時間帯があるのであれば、加害行為をしやすい子どももはいるのでしょうか。

まず、加害しやすい、しにくい以前に、彼らには固有の〝好み〟があります。子どもなら誰でもいいという者は少ないです。人は誰しも恋愛や性の対象について好みがありますが、小児性愛障害者らは成人を対象とした加害者よりもこだわりが強く、それ以外はほとんど興味を示さないといった具合です。

子どもの年齢についても限定的で、3～5歳とか小学1～3年生とか「その年齢じゃなきゃだめなんです」と堂々と主張します。「アンダーヘアが生えていない性器にとても興奮する」という者は多数います。なるほどアンダーヘアは身体的な成熟を表す特徴のひとつですから、それがないことは子どもである〝証《あかし》〟のようなものなのでしょう。成長には差がありますし、第二次性徴が見られたからといって大人になるわけではなくまだまだ子どもです。しかし彼らにその発想はなく、アンダーヘアが生えればとたんに興味を失い、〝対象外〟とします。

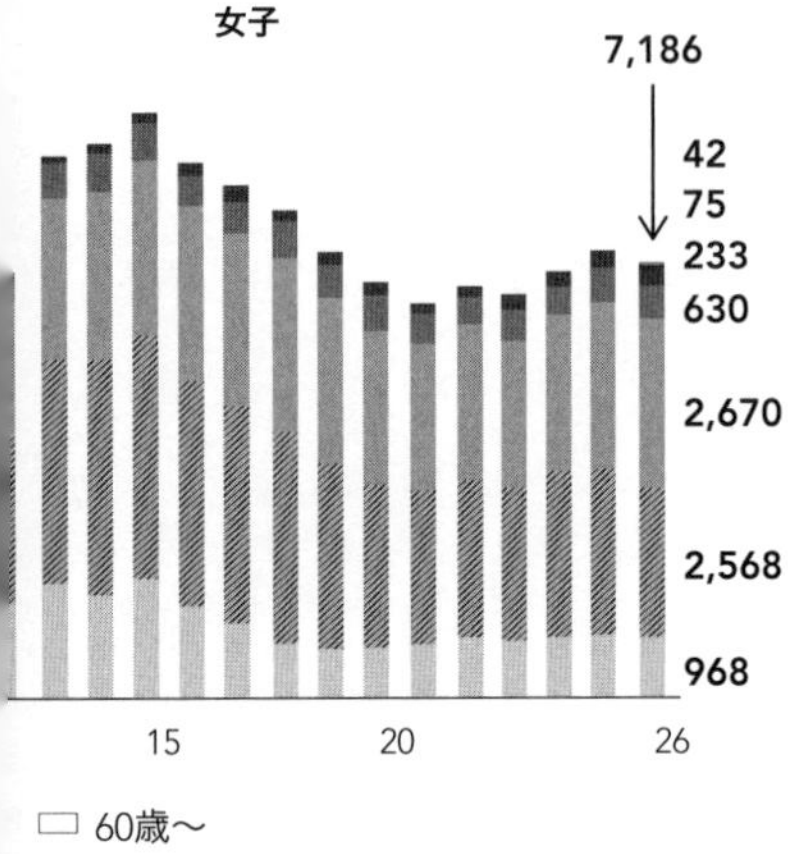

性別については、女児、もしくは男児以外対象にならないという者もいれば、どちらも対象となるという者もいます。巻末で対談をしているケンタロウさんは同性愛者であることを自認していましたが、「本当は男児が対象だけど、身近にいないので女児で妥協したこともある」

〈図11〉強姦・強制わいせつ　被害者の人員の推移(年齢層別)

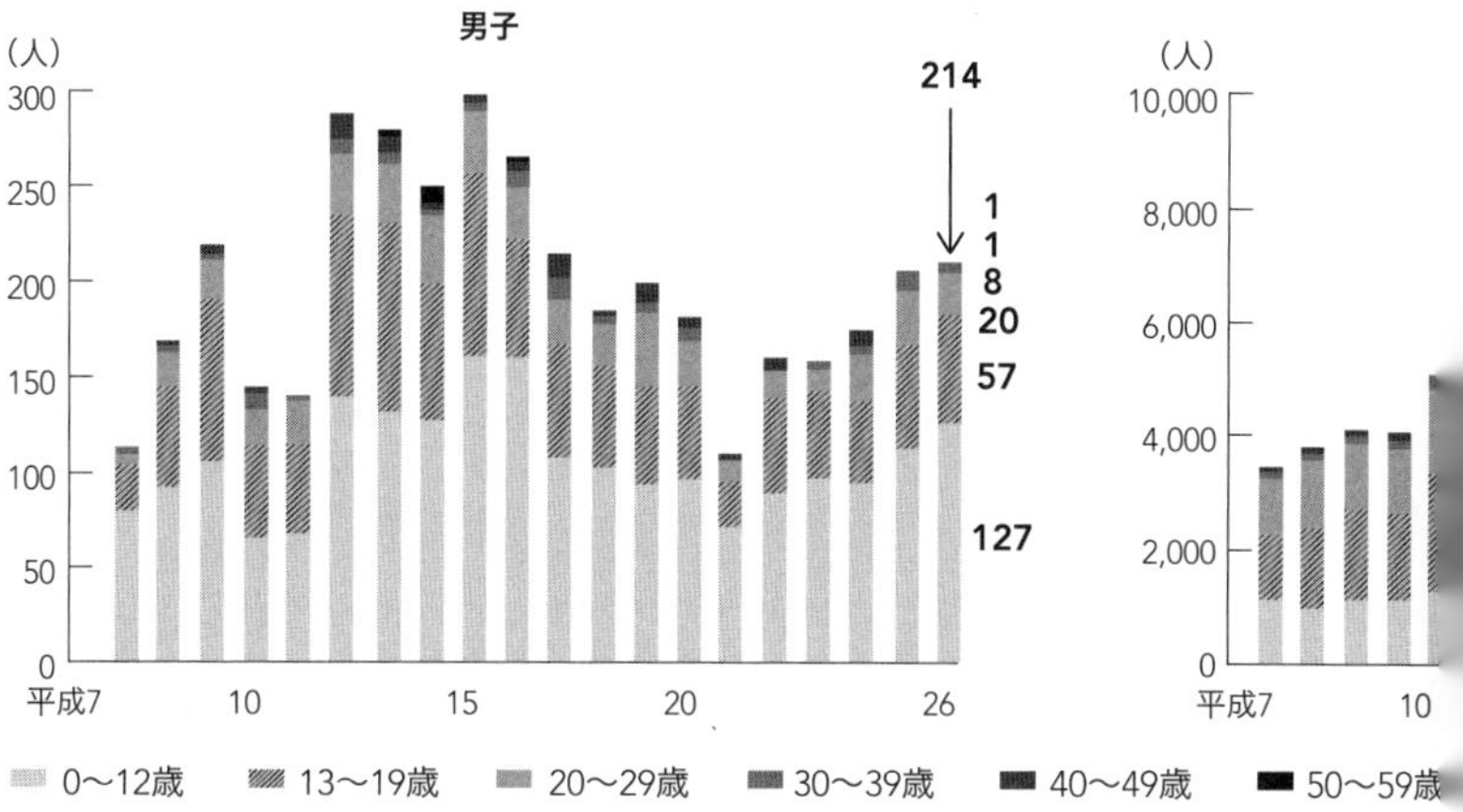

注1　警視庁の統計による。
注2　ひとつの事件で複数の被害者がいる場合は、主たる被害者について計上している。

と証言しています。身勝手な考えだと思われるかもしれませんが、第二次性徴がはじまる前は性器を除けば身体つきに男女の差は小さく、ゆえに「どちらでも」という人がいるということです。

身体つきということで考えると、発育が早い10歳前後の女児をターゲットとする小児性愛障害者も、一定数いるように感じます。彼らは「子どもから大人への成長過程を楽しみたい」という願望が強く、したがってそのくらいの年齢層を魅力的だと感じるのです。

「法務総合研究所 研究部報告55 性犯罪」には、平成7～26年まで強制わいせつ被害に遭った男女それぞれの人員の推移が年齢層別にグラフにされています〈図11〉。

これを見ると、強制わいせつの被害に遭った男子は0～12歳までが圧倒的多数を占めていることがわかります。身体がまだ小さいうえに体力もないため加害行為をしやすいというのはもちろんあるでしょうが、女児でも男児でもどちらでもいいという理由で被害に遭うのは、第二次性徴がはじまる前のこの年代だけでしょう。

「男児のほうがかわいい」という人もいます。詳しく聞くと、男性という性に絶対のこだわりがあるというよりは、男児のほうが無邪気で素直だからという理由のようです。

その背景には、女児の場合は保護者が性暴力に遭う可能性を考え、物心ついたころから何度も「おかしな人に気をつけなさい」などのように言い聞かせる、ということがあると思います。男児にも注意はしますが、やはり女児のほうが何度も強くいわれるのではないでしょうか。そのことが、加害行為をしようとしている者が声をかけたときの態度の差として表れると推測されます。男児にもしっかりと注意喚起していくことが大事です。

子どもを子どもらしく見せる〝記号〟に執着する者もいます。最も多いのは、制服です。小中高生をターゲットにする者たちからは、制服がトリガー（引き金）となるので、目にしただけで自分を止められなくなるという話をよく聞きます。体操着に執着するケースもありました。彼は自宅近くにある体操教室に通う子どもをつけ狙い、性加害を実行しました。結局は保護者のあいだで噂が広まり、逮捕され、現在はクリニックで治療中です。

これはあくまで彼らが一方的に求めていることであって、「犯罪発生の原因は子どもにある」という意味ではありません。制服は彼らをよろこばせるためにあるわけではありませんし、体操着なんか着ているから襲われるんだ、という理屈もまったく成り立ちません。また、彼らは好みに合う対象を見つけたからといって、のべつ幕なしに襲うわけではありません。先ほどの犯罪機会論でいう〝犯罪が成功しそうな条件〟が整っているかを判断し、慎重にチャンスを見極めます。

ターゲットとなる子どものことも、慎重に選別しています。ひとりで行動している、保護者の目が離れている子どもが狙われやすいというのは説明の必要はないと思いますが、その条件だけでターゲットとされるわけではありません。駅や路上で狙いをつけた子をいきなり死角やトイレに連れ込んで加害するケースがある一方で、事前に被害者との関係性を作り上げたうえで加害行為に及ぶケースも多いのです。

もともと面識がある、特に教師と生徒など明らかな上下関係がある場合は、威圧的な態度で脅したり言葉巧みに騙したりして加害行為に持ち込むこともありますが、ふたりのあいだに秘密を作るなどして、〝特別な関係〟と思い込ませるのも、手口のひとつです。また、公園で見かけて声をかけるなどその日に出会った場合でも、一緒に遊んだりおしゃべりをしたり、お菓子やおもちゃをあげたりしながら、即席の関係を築いていきます。

ちょうどこれを書いているいま、東京都内の私立高校の教師が、公園で遊ぶ小学6年生の女子児童に近づき、一緒にかくれんぼをするふりをしてトイレの個室に連れ込んで、強制わいせつに及んだという報道がありました。加害者は遊びを通して子どもとの関係を築き、どこかの時点で「この子なら性的接触ができる」と判断したのでしょう。

〝いいおじちゃん〟〝やさしいお兄さん〟に見える彼らが子どもに近づくこと自体は、それほどハードルが高くないようです。問題は、その後。いったん接点を持ったら、やり取りしながら彼らはいろいろな情報を得ます。それをもとに、ターゲットとなりうるかどうかを見極めています。

たとえば自分からボディタッチしてくる子であれば、どさくさに紛れて子どもの身体に触ることができます。さらに反応を見て、触る場所を変えていくでしょう。また誘導することによって、自身の性器などを子どもに触らせることもできます。

ほかにも大人に対して従順な態度の子であれば、何をしても「嫌だ」とはいわないと判断します。

氷山の一角にすぎない実態

警察庁が発表している「警察白書 平成29年度版」では、13歳未満の子どもの犯罪被害の件数が罪状別に表されています〈図12〉。性犯罪と呼ばれるもののうち、強制わいせつ

〈図12〉子ども（13歳未満）の被害件数及び罪種別被害状況の推移

区分＼年次	19	20	21	22	23	24	25	26	27	28
子どもの被害件数(件)	34,458	33,552	33,840	32,897	29,784	26,791	26,783	24,707	20,106	17,252
うち殺人	82	115	78	77	76	67	68	83	82	74
うち強盗	7	8	7	7	14	11	9	6	3	4
うち強姦	81	71	53	55	65	76	69	77	64	69
うち暴行	933	868	757	707	710	846	882	858	886	906
うち障害	529	473	491	467	493	495	548	539	557	631
うち強制わいせつ	907	944	944	1,070	1,027	1,066	1,116	1,095	881	893
うち公然わいせつ	73	76	80	109	83	139	136	133	140	109
うち逮捕・監禁	3	2	7	9	7	7	9	12	10	21
うち略取誘拐	82	63	77	91	86	95	94	109	84	106

が群を抜いて多いことがわかります。

　しかし、性犯罪の特徴として〝暗数〟が大きいことはいうまでもありません。暗数とは、統計に表れている数字と、実際の数字との差をいいます。法務総合研究所「第４回犯罪被害実態（暗数）調査」（平成24年）によると、過去５年間の性的事件において警察に被害届を出した人はわずか18・５％。つまり８割強の人が性被害を認識していながら、自主的かそうでないかはわかりませんが、被害届を出さずにいるということです。それがなければ、統計上は被害があったとカウントされません。

　まして子どもの性被害では、加害者らは必ずといっていいほど口止めするので、被害が発覚しにくくなります。何をされたのか理解できていない子も多く、保護者や身近な大人に伝えようにもそのための言葉を持っていません。そもそもまだ言語能力が発達していないので大人に被害を訴えることがない、という理由で小学生以下の子どもをターゲットにする者もいるくらいです。

子どもへの性加害は現行犯で逮捕されるケースは少なく、なんらかのきっかけで発覚することが多いです。ひとつには、被害を受け続けることに耐えきれなくなった子どもが周囲の大人にSOSを出す例。そして子どもが心身に不調をきたし、保護者が何かあったと気づいて聞き出す例もあります。しかし、どちらにもならない子もとても多く、そうすると加害者は誰にも知られないのをいいことに加害行為を継続します。

〈図12〉のデータでは、子どもへの強制わいせつが年間で1000件以下、強姦(現在の強制性交)が100件以下となっていますが、こんなに少ないはずはありません。しかしここでは、両者の件数の〝差〟について考えたいと思います。

クリニックに通院している小児性愛障害者らに話を聞くと、性器の挿入まで至る加害行為、つまり強制性交をする者はどちらかというと少数派だと感じます。

彼らが子どもに対してどんな加害行為をしていたかを〈図13〉にまとめました。4割以

〈図13〉対象行為の主な内容（n＝117）

触る(性器)･触らせる	51
露出	9
盗撮･のぞき	9
児童ポルノ	12
強迫的自慰行為	13
強制性交等	11
児童買春	4
その他	8

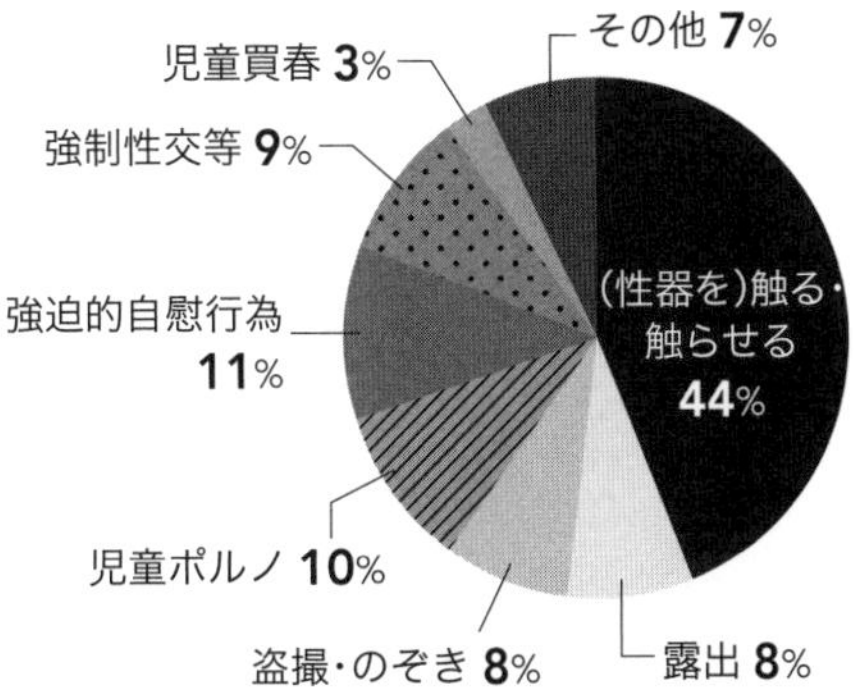

上を占める「(性器を)触る・触らせる」というのは強制わいせつに相当すると思ってください。挿入を伴う行為は「強制性交等」と「児童買春」を合わせても全体の1割強です。

自分がしたことを過小報告している可能性も考えましたが、「僕は、最後までしなかったんですよ」「あの子のことを汚したくないから挿入は我慢しました」と誇らしげにいう者がいるところを見ると、挿入には至っていないと見て間違いないでしょう。

しかし、こうした発言は明らかに認知の歪みからくるものです。子どもにとって身体への侵襲がある挿入行為が甚大な被害となることは間違いありませんが、それは強制わいせつの被害は軽度であるということを意味しません。

2017年、刑法が改正されて強姦罪が強制性交等罪と名称変更されました。それまでは女性器に男性器を挿入することをもって強姦としていました。そうすると男性は被害者に含まれないことになります。それが改正によって被害者の性別が問われないことになり、「性交、肛門性交又は口腔性交」と対象行為も拡大されました。前掲の〈図12〉は改正前の2016年度までのものですので、いまであれば強制性交等罪に問われた行為も、強制わいせつにカウントされている可能性はあります。しかしそれでも、強制わいせつに当たる行為をした者のほうが多いことは変わらないでしょう。

嗜癖行動は亢進《こうしん》(エスカレート)するものです。小児性愛障害も嗜癖、すなわち依存症の側面があるので、くり返すほどにエスカレートしていくケースがあります。では、強制わいせつをしていた者がその後、挿入行為をするようになるのでしょうか? 答えは「そういう者もいるけれど、多くの場合そうではない」です。

痴漢についても、「痴漢を続けているうちに、飽きたらなくなってレイプするのではないか」という質問をこれまでたくさん受けてきました。これまた「そういう者も稀にいるけれど、多くの場合そうではない」のです。痴漢は痴漢行為、盗撮犯は盗撮行為にのめり込んでいるので、おかしな言い方ではありますが、彼らにとってほかの行為はあまり魅力的ではないのです。小児性愛障害者にも、その傾向があると感じます。

Ｐ12のＡは、数百人の子どもに強制わいせつをし、そのときのことを日記に書き記していました。日記を見る限り、彼が本当は挿入したがっていたという事実はないと感じます。彼は教え子の女児たちの身体、性器に触れ、自分の性器を見せ、触れさせることによろこびを感じており、挿入は望んでいなかったようです。

口腔性交を強いる例はあります。これも現在では、強制性交等罪となります。口に性器を挿《い》れることは、性器への挿入と比べると被害の程度が軽いと思われがちです。加害者もそう思っている節があります。しかし、食事のたびに被害の記憶が呼び起こされるため摂食障害になることもめずらしくなく、長期にわたって深刻な影響を受け続けます。

巧妙なマジックに騙される子ども

これまで再三述べてきたように、子どもへの性加害は口止めとセットになっています。成人への性加害でも口止めはあります。加害行為中に撮影をして「写真をばら撒くぞ」というものから、もともとの上下関係を利用して「誰かにいったらどうなるのかわかっているな」というものまで、基本的には被害者の弱みにつけ込み、その口を封じようとするものです。はっきり言葉にしなくても、女性のほうから「撮られた写真をばら撒かれるかも」「仕事を失うかも」と思い、被害を口外しないことも多くあります。

それでも自身の判断で警察に被害届を出したり、然《しか》るべき病院や相談機関にアクセスできたりする可能性を持っているのが、成人です。子どもにはそれができません。

子どもへの口止めは、もっぱら関係性を利用したものです。子どもは自分で被害届を出したり、相談機関を調べたりできませんから、加害者が、「お母さんに知られたら、きっと悲しむだろうなぁ」などといい、最も身近で、被害を訴えるべき相手への訴えを封じれば、その口止めは成功する確率が高いのです。両親や保護者が悲しむ、彼らに叱られる、いい子にしていなかったのがバレる、きっと〇〇ちゃんのことを嫌うようになる……と、このことを誰かにいえば周囲との関係にネガティブな結果をもたらすことになるとにおわせるだけで、子どもは口をつぐみます。子どもを黙らせることは彼らにとってむずかしいことではないのでしょう。また、「寄り道したってバレたら、怒られるぞ〜」のようにいえば、子どもは「自分が悪かったからこんな目に遭った」と思い口止めは成功します。幼い子にも罪悪感はあります。それに苛《さいな》まれながら子ども時代を過ごすことが、その後の人生にプラスに働くということはないでしょう。

それでも周囲の大人に話してしまう子はいます。口止めの意味がわからなかったり、口に出さずとも心身に不調をきたしたとき大人から聞かれるままに打ち明けたりします。だからこそ、彼らは〝口止めをしやすい子〟を選びます。

子どもへの性加害の特徴のひとつとして、「関係性を築いたうえで加害する」があるとお話ししましたが、彼らは子どもとのやり取りのなかで、保護者や周囲の大人との関係を探り、口止めをしやすいかどうかを見極めます。保護者が威圧的で厳しい、あるいは保護者との関係がそもそも希薄であるなど、その子を取り巻く環境がわかれば、どんな口止めが有効かもおのずと見えてきます。さらに住環境や生活環境をリサーチするため、被害者の自宅付近をうろつき、郵便物を勝手に盗み見たりして情報を手に入れるといった手口を使うこともあります。

もう少し年齢が上がると、子どもに恋愛関係だと思わせて「ふたりだけの秘密だよ」「バレたら別れさせられるよ」のように口止めするパターンも出てきます。交際しているというのは加害者の認知の歪みでしかないのですが、子どももそうだと思い込んで口をつぐみ、その結果、彼らの認知はさらに歪んでいきます。

また、小さな子どもなら「何をされているかわからないから、いえない」ということもありますが、10代に入ると自分がされていることの意味をある程度、認識する子もいます。恥の意識が出てきて「他人に知られたくない」と思い被害を隠しますが、それも加害者によってそうした意識を持つよう誘導されている可能性もあります。

どんな形であれ、一度子どもに「いえない」「いってはいけない」と植えつけることに成功すれば、その後もくり返し加害行為ができます。ひとつの口止めが、次の被害を招くのです。ひとりの子どもにくり返し加害するのではなくターゲットを次々と替えていくタイプの加害者も、誰かひとりの被害が発覚すればそれによって加害行為に終止符が打たれるので、彼らとしては絶対的に避けたいところです。

加害者のやり方はとても巧妙です。私は〝マジック〟を使うといっていますが、もともと圧倒的に優位な立場にいるので、子どもは簡単に騙されます。だから口止めが、たやすくできるのです。

口止めの対抗策として、保護者や身近な大人ができることはあります。

保護者と子どものあいだ、そして学校教育のなかで、具体的に身体のどの部分を触られたら性暴力なのかを伝えること、そのときにどのように助けを求めるのかも日ごろから確認しあうことです。そのためにも、「誰かから不快なこと、痛いこと、辛いこと、ちょっとでも〝おかしい〟と感じることをされたと思ったら話してほしい。絶対に怒らない。あなたは悪くないんだから」と、子どもにくり返し伝えましょう。このようにクライシスプランを子どもと共有することも、性教育のひとつです。

被害は一度だけでもあってはならないことですが、くり返されることでさらに深刻度を増してきます。少しでも早いうちに食い止めなければなりません。それにはもうひとつ、理由があります。

第2章で小児性愛障害には嗜癖、依存症の側面があり、依存症の特徴として貪欲性、つまりより強い刺激を求めて亢進（エスカレート）する傾向があるとお話ししました。子どもへの性加害をくり返す者たちにとっての亢進は、強制わいせつだったのが強制性交になる、という形では表れず、その頻度が上がることが多いように見えます。

亢進を後押しするのは、成功体験です。認知が歪んでいる彼らの目から見ると、子どもが受け入れてくれた、自分との関係を継続したいから黙ってくれていた、そんな錯覚が積み重なって、もっと、もっと……と次の加害行為に駆り立てられるのです。

その連鎖を断つためにも、彼らの加害行為を早めに明るみに出していくことが不可欠なのです。

第6章 再犯防止——期待される有効な治療とは?

みなさんが子どものころ、大人からこういわれたことはないでしょうか?

「悪いことをしたら、おまわりさんに捕まって刑務所に行くことになるよ!」

刑務所というのは悪いことをした人が懲《こ》らしめられるところ、自分が犯した罪を償《つぐな》うために行くところというイメージは多くの人が早くからしっかり植えつけられていると思います。刑務所は矯正施設ですから、受刑者はそこでこれまでの自分を改善、更生することになっています。刑期を終えて社会復帰、いわゆる〝シャバに戻った〟あかつきには〝罪を償った人〟として見られ、その後は犯罪行為と無縁の人生をリスタートさせることが期待されます。

けれど性犯罪——特に依存症の側面があり、反復して性加害行為を行ってきた者たちに関しては、出所した後、またも同じ犯罪をくり返すケースが多く、子どもへの性加害はそのなかでも特に再犯の可能性が高いことがわかっています。

＊＊＊＊＊＊＊＊Ｊ　男性・47歳

先生、僕はずっと刑務所に入っていたほうがいいと思うんです。ここには子どもがいません。だから子どものことを考える時間もほとんどありません。

でも、外に戻れば子どもがいますよね？　僕は小さな女の子を見ると頭が真っ白になって気づけば後をつけてしまうんです。どうやったらこの子とふたりきりになれるだろう、どうやったら触れられるだろうって、無意識のうちに考えながら。

だから、ここから出たら絶対またやります。やらないという自信がまったくないんです。


私は受刑者の面会や、受刑者を対象とした依存症関連プログラムのために刑務所を訪れることがよくありますが、こうして出所後の不安を訴えてくるのはひとつの典型例です。一見、とんでもないことをいっているようですが、個人的には「出たら絶対やりません！」といい切る者よりもずっと、自身の問題の本質を理解していると感じます。

子どもへの性加害で服役した者が出所後に再び性加害行為に及ぶ……そんな事件が絶えず起こっています。

ある事件を紹介しましょう。当時30代だった男性Kは１９９２年に女子中学生２人を殺害し、懲役17年の判決を受けています。彼は極刑を望んで控訴しました。自身の犯した罪はそれに相当すると考えてのことだったとされていますが、最高裁でその上告は棄却され、結果として２件合わせて20年間服役しました。

刑期を終えて２０１２年に出所、その翌年には成人女性に対して強制わいせつ事件を起こし、２０１４年から２度目の服役をします。４年後、再び出所したKは女児の下着や運動靴を盗み、また別の７歳女児にわいせつ行為をして怪我を負わせました。２０１９年２月、福岡高裁で彼に懲役７年の判決が言い渡されています。

彼は最初の事件に対し「本心から極刑を望んでいた」「いまでも自分に下される判決としては死刑しかなかったと思っています」と語ったと報道されています。罪の重さを自覚するとともに、「いずれ出所したらまた同じことをしてしまう」確信があったのではないかと推測されます。

もうひとつ別の事件を紹介します。

２０１５年、10歳の女の子を誘拐し、強制性交したうえで殺害し、その亡骸《なきがら》を遺棄した罪で、40代の男性Lに無期懲役の判決が言い渡されましたが、当人はこれを不服として控訴しました。

彼は1996年から約3年間、連続強姦事件を起こして服役した過去がありました。また1999年には9歳、11歳、16歳の女子児童それぞれを人目のないところに連れ込み、強制性交を試みたこともわかっています。この3件については未遂に終わりましたが、うち2人は怪我もしており、心身に大きなダメージを与えたことは間違いありません。

ひとつの事件が起きただけでも痛ましいことです。だからこそ、再犯はより許しがたいことです。一度司法によって裁かれ、矯正施設で服役した後に再び加害行為をするなどあってはならないというのは、誰もが思うところでしょう。

念のためつけ加えておくと、出所してから再び逮捕されるまでのあいだ、KやLは発覚していないだけでほかにも加害行為をしている可能性が十分にあります。

子どもが被害者となる性犯罪は、人の感情を大きく揺さぶります。そこでこうした事件が報道されると、「死刑だ」「一生刑務所から出すな」「GPSをつけろ」「去勢しろ」と激しい怒りを込めた意見が飛び交います。たしかに彼らが最初の事件の後、生涯を刑務所で過ごすことになっていれば、新たな被害者は出ませんでした。

しかし現在の日本の法律では、彼らの大部分は社会に戻ってくることになっています。受刑者も、それをよくわかっています。彼らとコミュニケーションを取っていると、「また罪を犯そう」と最初から思っている者はひとりもいません。もう二度と刑務所に行きたくない、だから加害行為もしたくない。けれど心のどこかで「きっと、またやってしまう」という不安を抱えていて、それが解消されないまま出所の日を迎える……これは子ども、子どもを守りたい人、そして出所する本人、加害者家族、すべての人にとってメリットがありません。

なぜそんなことが起きるのでしょうか。それを考える前に、まずは小児性犯罪における再犯の実態を見てみましょう。

再犯率からわかるもの

「平成27年版　犯罪白書」はサブタイトルが「性犯罪者の実態と再犯防止」というだけあって、性犯罪とその再犯の実態についての詳細な調査データがあります。ここでいう「再犯調査対象者」とは、調査対象事件の裁判確定から5年間に再び有罪の判決を受けて実刑が確定した者を意味します。

同白書の〈図14〉は性犯罪者類型別に対象者の再犯率を割り出したものです。

一見すると小児わいせつ型、小児強姦型ともに再犯率はそれほど高くないように見えます。再犯す

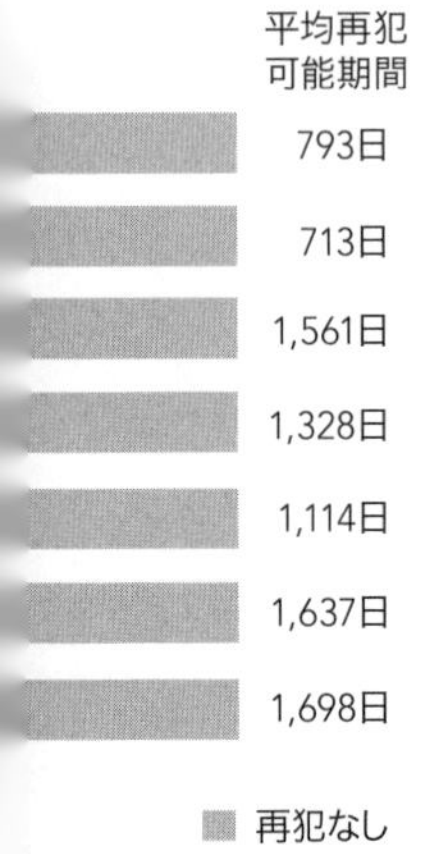

〈図14〉再犯調査対象者　再犯率（性犯罪類型別）

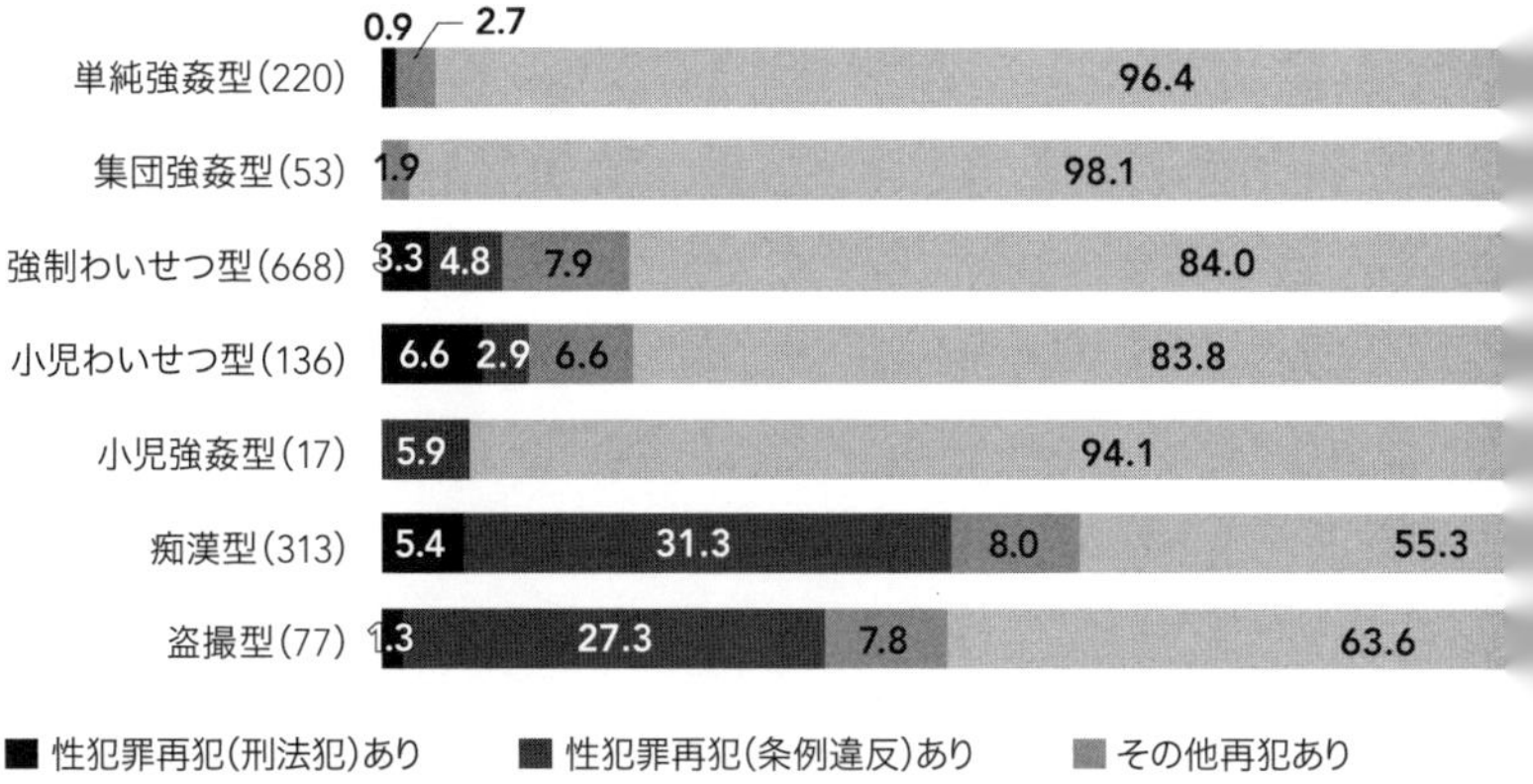

注1　法務総合研究所の調査による。
注2　調査対象事件の裁判確定から5年経過時点における再犯の有無を示す。
注3　「平均再犯可能期間」は、調査対象事件の裁判確定から5年経過時点までの日数の平均値をいう。ただし、出所受刑者については、当該期間から刑事施設における服役期間を減じた日数の平均値をいう。
注4　「性犯罪再犯（刑法犯）」は、再犯の罪名に強姦または強制わいせつも含むものをいい、「性犯罪再犯（条例違反）」は、性犯罪再犯が条例違反のみによるものをいう。
注5　（　　）内は、実人員である。

る割合が抜きん出て多いのは痴漢型や盗撮型ですが、注目すべきはその内容です。小児わいせつ型は性犯罪再犯（刑法犯）、つまり強制性交等罪、強制わいせつ罪で再犯している割合がほかと比べて高いのです。性犯罪再犯（条例違反）というのは、だいたいが痴漢や盗撮だと考えられます。それらの罪を軽視するわけではありませんが、それよりもさらに暴力性が高く、被害の度合いも深刻な刑事事件をくり返す者が少なくないというのは、やはり見逃せません。

　小児わいせつ型の調査対象者は136人で、そのうち性犯罪再犯（刑法犯）ありの者は9人です。うち8人の再犯が、小児わいせつ型に

〈図15〉性犯罪前科２回以上の者　同型性犯罪前科の有無別構成比（類型別）

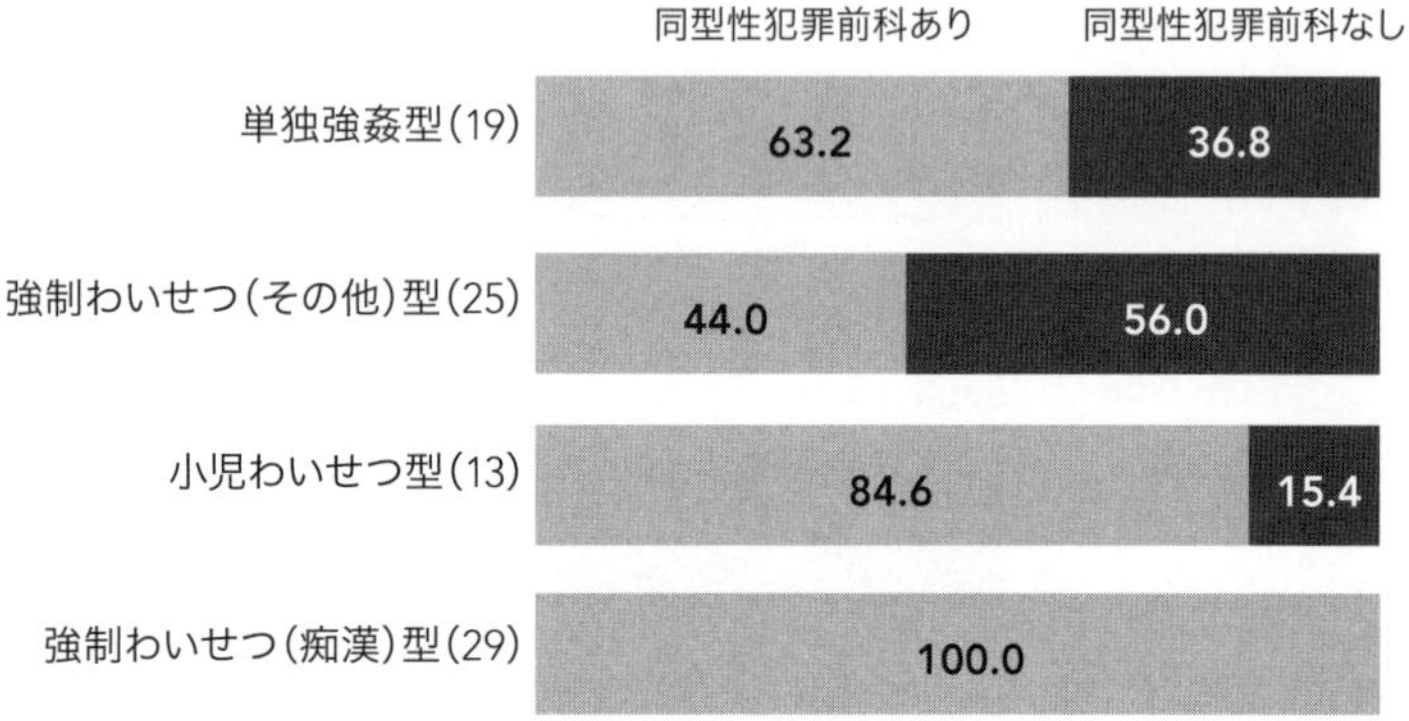

注1　法務総合研究所の調査による。
注2　強制わいせつ型のうち、「強制わいせつ（痴漢）型」は、犯行態様が公共の乗り物内における痴漢行為のものをいい、「強制わいせつ（その他）型」は、強制わいせつ（痴漢）」以外のものをいう。
注3　「同型性犯罪前科」は、調査対象事件中の性犯罪と同一の類型の性犯罪前科をいう。ただし、強制わいせつ（痴漢）型の同型性犯罪前科には、条例違反（痴漢）型も含む。
注4　（　　）内は、実人員である。

該当するものだったと同白書には明記されています。

　数だけ見ると多くはないと思われるかもしれませんが、再犯したということは少なくとも1人の被害者を出しているということです。さらに、表に出ない加害行為があった可能性も考えていかなければなりません。

　また、調査対象者のうち「性犯罪前科2回以上の者」に絞って同型性犯罪の前科、つまり強制わいせつ型なら強制わいせつ型の前科があるかどうかを調査した結果が〈図15〉です。小児強姦型は該当者がいなかったので、ここでは小児わいせつ型のみの数値が出ていますが、13人いるうち11人に小児わいせつ型の前科があることがわかりました。

その13人が具体的にどのような推移をたどってきたかは〈図16〉にあります。子どもへのわいせつ行為で逮捕され、出所してはまた子どもに性加害をして逮捕され……というのを何度もくり返している様子が見て取れます。なかには成人に対しての性犯罪前科がある者もいますが、対象が子どもに限られる者のほうが多いことがわかります。

同白書には強制わいせつ（痴漢）型の推移も掲載されていますが、ときおり単独強姦や盗撮の前科を持つ者がいるものの、痴漢型の人は痴漢ばかりをくり返しています。子どもへの性加害なら子どもへの性加害、痴漢なら痴漢というある種の〝こだわり〟が見られるのも、嗜癖行動の側面があるからこそでしょう。

クリニックに通う者のうち受刑歴4回が最高記録ですが、彼に限らず複数回受刑している者はほとんどが、すべて子どもへの性加害で服役しています。

また、〝いつ〟再犯するのかを調査したのが〈図17〉です。再犯期間とは、執行猶予者については調査対象事件の裁判確定日から、出所受刑者については刑事施設を出所した日から、それぞれ最初の性犯罪再犯の犯行日までの日数を指すものです。小児わいせつ型は短い者で88日と、ほかの類型と比べて再犯までかかる日数が長いほうだといえます。中央値を見ても痴漢型が特別に短いのを除けば、強制わいせつ型、盗撮型と同程度です。

〈図16〉性犯罪前科の推移（小児わいせつ型）

前科回数／対象者	1回	2回	3回	4回	5回	6回	7回
No.1	小児わいせつ	条例違反（痴漢）	強制わいせつ（その他）	小児強姦	小児わいせつ	強制わいせつ（その他）	調査対象事件
No.2	条例違反（痴漢）	条例違反（痴漢）	条例違反（痴漢）	条例違反（痴漢）	条例違反（痴漢）	調査対象事件	
No.3	小児わいせつ	小児わいせつ	小児わいせつ	小児わいせつ	小児わいせつ	調査対象事件	
No.4	単独強姦	小児わいせつ	小児わいせつ	強制わいせつ（その他）	強制わいせつ（その他）	調査対象事件	
No.5	小児わいせつ	小児わいせつ	小児わいせつ	小児わいせつ	調査対象事件		
No.6	小児わいせつ	小児わいせつ	小児わいせつ	小児わいせつ	調査対象事件		
No.7	小児わいせつ	小児わいせつ	小児強姦	小児わいせつ	調査対象事件		
No.8	小児わいせつ	小児わいせつ	小児わいせつ	調査対象事件			
No.9	小児わいせつ	条例違反（痴漢）	調査対象事件				
No.10	強制わいせつ（その他）	強制わいせつ（その他）	調査対象事件				
No.11	条例違反（痴漢）	小児わいせつ	調査対象事件				
No.12	小児わいせつ	小児わいせつ	調査対象事件				
No.13	小児わいせつ	条例違反（痴漢）	調査対象事件				

注1　法務総合研究所の調査による。
注2　性犯罪前科2回以上の者に限る。
注3　調査対象事件中の性犯罪により小児わいせつ型と類型化された者の性犯罪前科を示す。
注4　「強制わいせつ（その他）」は、強制わいせつ型のうち、犯行態様が公共の乗り物内における痴漢行為以外のものをいう。

〈図17〉再犯調査対象者　性犯罪者類型別再犯期間

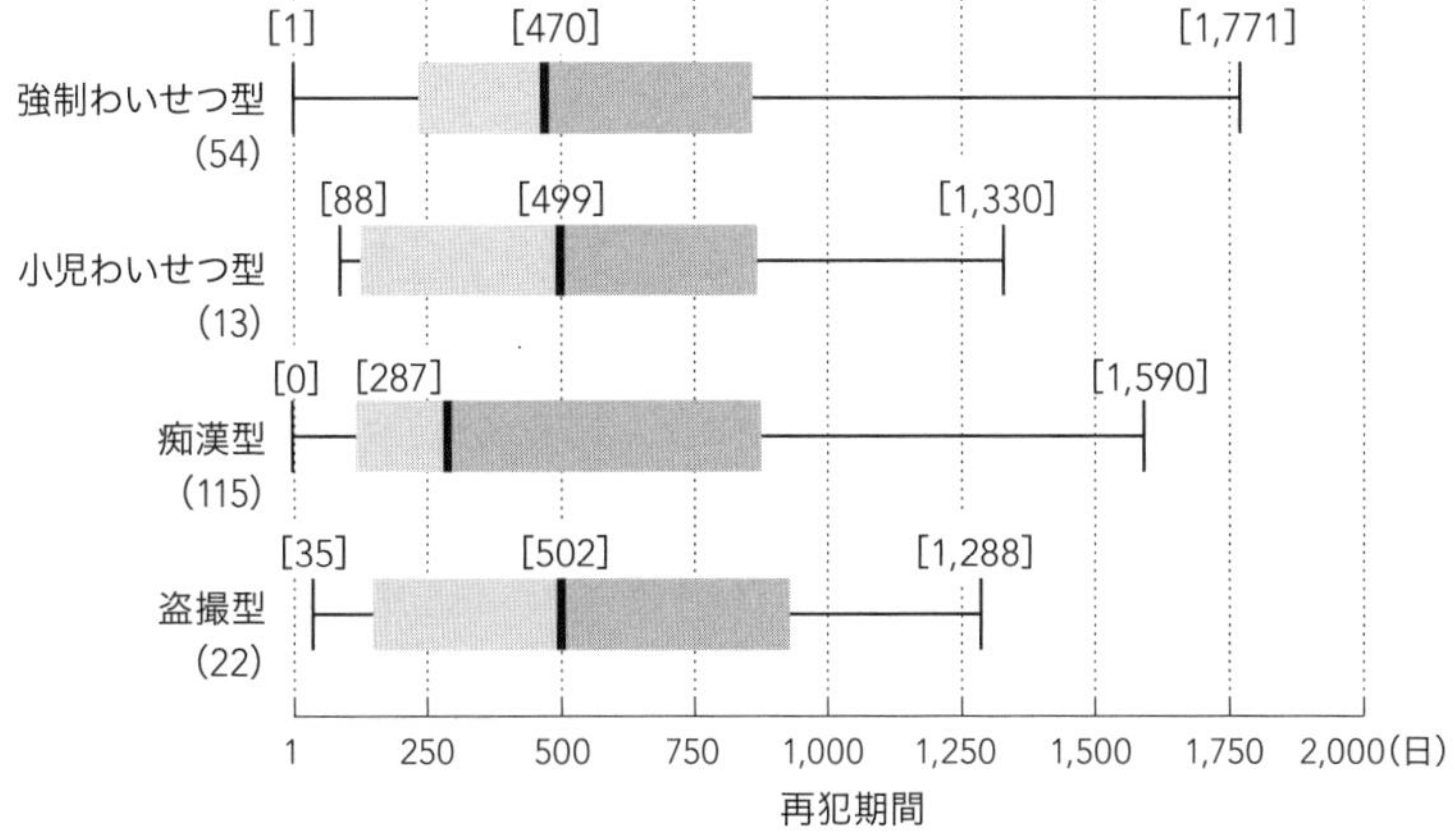

注1　法務総合研究所の調査による。
注2　「再犯期間」は、執行猶予者については調査対象事件の裁判確定日から、出所受刑者については刑事施設を出所した日から、それぞれ最初の性犯罪再犯の犯行日までの日数をいう。
注3　[ ]内は、図の左からそれぞれ再犯期間が最短の者の日数、真ん中に当たる者の日数(中央値)、最長の者の日数である。
注4　痴漢型の再犯期間0日の者(1人)は、調査対象事件の裁判により実刑が確定した後、刑事施設に収容されるまでの間に性犯罪再犯に及んだものである。
注5　図中の箱型領域は、各類型の対象者の再犯期間について最短の者から最長の者まで並べた際に、4分の1番目の者から4分の3番目の者までの約半数の者の再犯期間が含まれる領域を示す。
注6　(　　)内は、実人員である。

しかしこれは「すぐに再犯しない」という意味ではなく、「再犯しても発覚、事件化しにくい」ことを意味しているのではないでしょうか。特に子どもに対する性犯罪に暗数が多いことは、これまでにも再三述べてきました。第2章でもお話ししたとおり、最初に子どもへの加害行動をしてから当クリニックを受診するまでの平均は約14年間でした。たいていは逮捕されてから、そうでなくとも加害行為が周囲に発覚してから、やっと初診につながります。それだけ表面化しにくいということです。

再犯をしてしまうのは、あくまでもその人個人の責任です。「子どもを見たらやってしまう」と彼らはいいますが、行動化しているのはその人自身で、子どもに原因があるわけではありません。しかし彼らが再犯をしやすい社会構造があることも見逃せません。まずは社会全体でそのことを認識し、対策を講じることが求められています。

では、〝再犯をしやすい状況〟とは、どういうことでしょうか。ひとつ大きく関係しているのが出所事由――つまり満期出所なのか仮釈放なのかということです。裁判で執行猶予がついた場合も保護観察付きかそうでないかに左右されます。

〈図18〉は小児性犯罪に限ったものではなく性犯罪全体に関する調査ですが、満期出所者はその内容を問わず、再犯率がずば抜けて高いという結果になりました。仮釈放は、悔悟《かいご》の情、要は反省が認められること、更生の意欲が認められること、再犯のおそれがないと認められること、社会の感情が仮釈放を是認すると認められること、が条件として挙げられており、各地域にある地方更生保護委員会で決定されます。仮釈放の後は保護観察期間が設けられており、保護司と定期的にコンタクトを取りながら社会復帰を目指します。

一方、満期出所の場合、身元引受人がいなくて住むところも確保されておらず、就労などその後の生活基盤を築く準備も整っていないと、あっという間に孤立します。いわゆる、

〈図18〉再犯調査対象者　再犯率（出所事由等別）

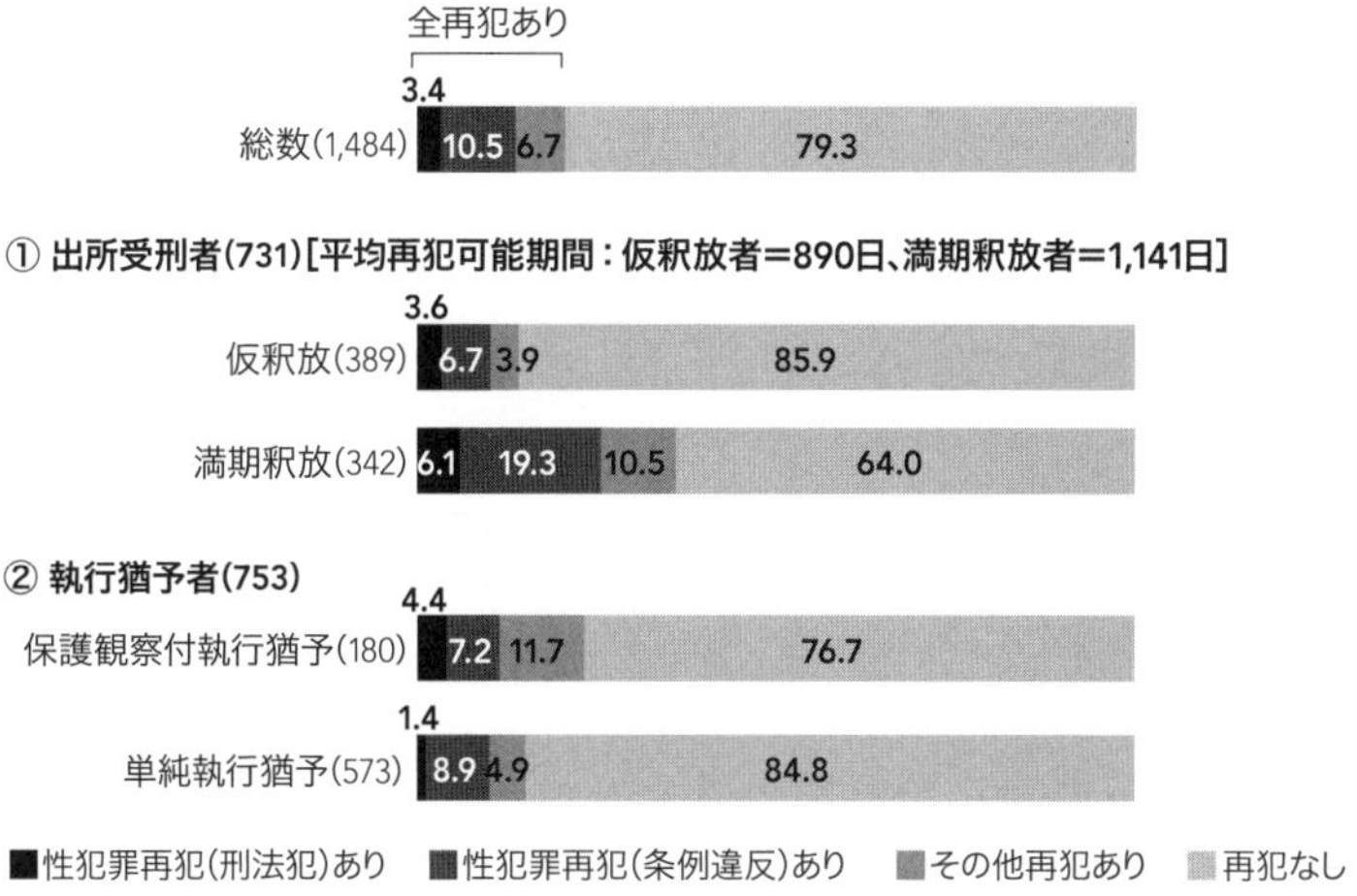

注1　法務総合研究所の調査による。
注2　調査対象事件の裁判確定から５年経過時点における再犯の有無を示す。
注3　①の「平均再犯可能期間」は、調査対象事件の裁判確定から５年経過時点までの期間から、刑事施設における服役期間を減じた日数の平均値をいう。
注4　「性犯罪再犯（刑法犯）」は、再犯の罪名に強姦または強制わいせつを含むものをいい、「性犯罪再犯（条例違反）」は、性犯罪再犯が条例違反のみによるものをいう。
注5　「単純執行猶予」は、保護観察のつかない執行猶予である。
注6　（　　）内は、実人員である。

「カネなし・ヤサ（家）なし・ガラウケ（身柄引受人）なし」という、最も再犯しやすいとされる三条件が揃った状態といえます。本人に更生の意志が強かったとしても、どこにもつながらず宙ぶらりんのまま身ひとつで社会に出るということは、再犯を後押しする一要素となりえます。

　これは小児性犯罪のケースではありませんが、満期出所したその足で刑務所から最も近いコンビニに立ち寄り、女性に強

〈図19〉性犯罪者類型対象者　裁判内容・刑期別構成比（性犯罪者類型別）

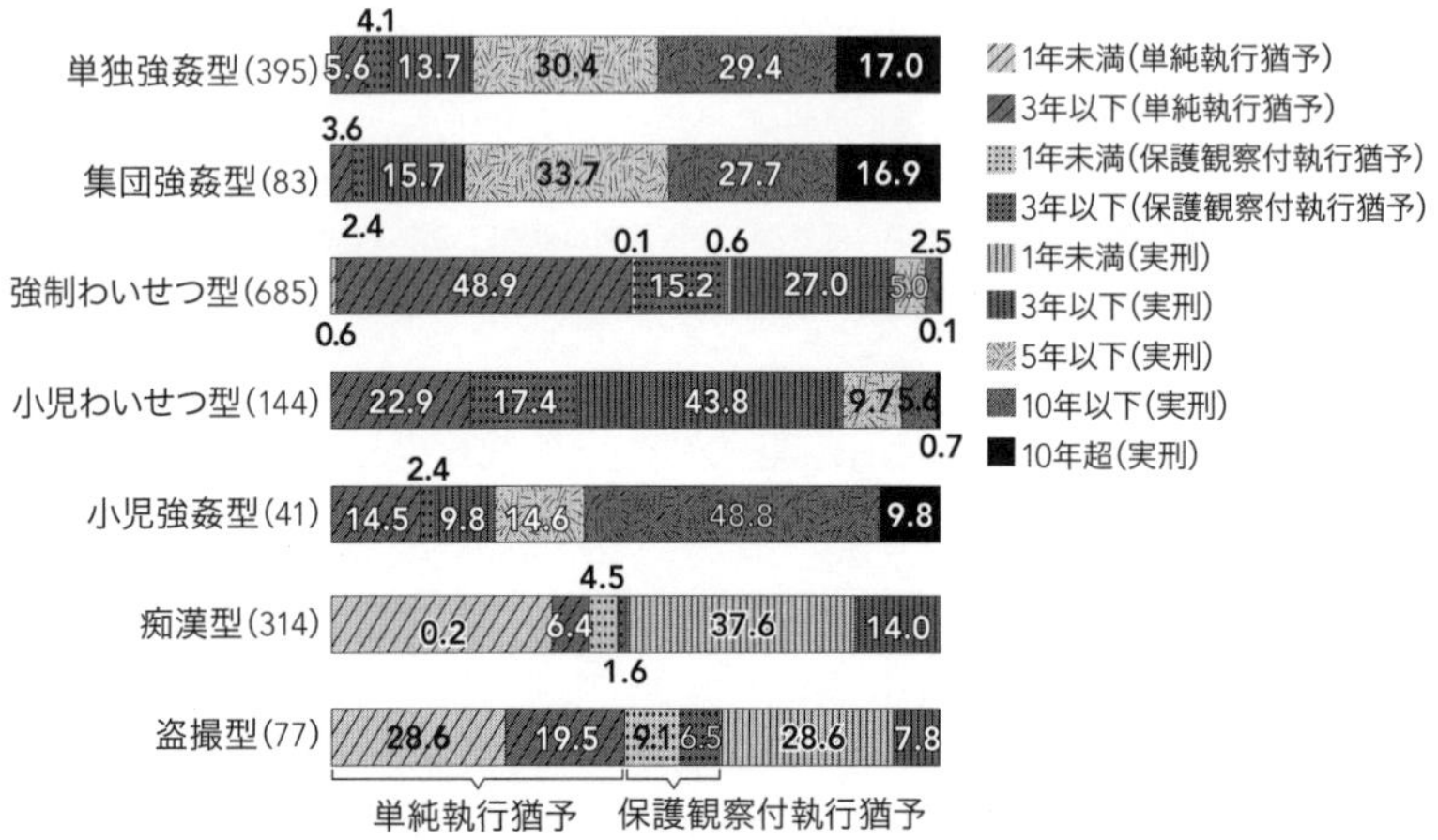

注1　法務総合研究所の調査による。
注2　不定期刑は、刑期の長期による。
注3　「単純執行猶予」は、保護観察のつかない執行猶予である。
注4　「10年超（実刑）」は、無期刑を含む。
注5　（　　）内は、実人員である。

制性交をした男性がいました。聞くところによると、彼は受刑中から「出所したらレイプしよう」と心に決めていたようです。彼はシャバにまったくつながりがありません。生きていく術がない彼にとって、刑務所に戻るというのは生きる手段でした。そんな理由で性被害に遭った女性はたまったものではありません。そんなに厳しい境遇なら彼が犯罪に走ったのも仕方ない、ということには一切なりませんが、満期出所者を取り巻く状況がもう少し違っていれば防げた被害だったのかもしれません。

受刑者は服役期間が長くなればなるほど社会と断絶していきます。

〈図19〉にあるように小児への強制性交の場合は5年以上、10年以上の実刑判決が出ることもあります。犯罪の内容に対して軽すぎるのではないかという見方もありますが、ここではそのことは議論しません。ただその年数は社会から取り残されるには十分な長さで、出所したときには〝浦島太郎状態〟になるでしょう。社会に受け入れられない、頼れる家族や知り合いもいないとなると、どう生きていけばいいのかわかりません。

同白書では対象者らに「再犯者の動機」について調査しています、複数回答可で得られた結果は、接触欲求充足＝65・0％、ストレス等の発散＝38・7％、スリル＝20・6％、支配欲求・優越欲求充足＝6・7％、自暴自棄＝同4・4％、その他＝35・6％となっています。孤立した状態は過度なストレスや自暴自棄の原因となります。こうならない環境を整えることが、再犯防止を考えるうえで非常に重要なのです。

性犯罪再犯防止のための方策

性犯罪の再犯防止は喫緊《きっきん》の課題です。

特に昨今は、アメリカからはじまった#ＭｅＴｏｏ《ミートゥー》運動の後押しもあり、性被害を受けたことのある当事者らが声を上げ始めました。どのような状況で被害に遭ったのか、そのときどうなったのか、その後どんな影響がどのくらいにわたって続いたのかなどといったことは、これまで性暴力やＤＶの専門家は知っていても、一般にはあまり知られていませんでした。それどころか、かなり軽く見積もられていたと思います。

子どものときの被害をカミングアウトする人も少なくなく、そのなかには、大人になってから自分の身に起きたことの意味を知ったと打ち明ける人が大勢います。そのときは何もいえなかった、だから自分に加害した人物は味をしめてほかにも被害者を出していたのではないかと悔やむ女性の話を聞いたこともあります。その女性が罪悪感を抱く必要は皆無ですが、多くの人が「これ以上、被害者を増やしたくない」という切なる願いを胸に語り始めたのだと感じます。

刑務所では、自分がした犯罪行為の責任を自覚させ、社会生活に適応するのに必要な知識や生活態度を習得させることを目的として、すべての受刑者に対して「改善指導」が行われています。加えて、特定の者を対象とした特別改善指導というものがありますが、性犯罪者には**「性犯罪再犯防止指導」**、通称**「R3」**と呼ばれるプログラムが設けられています。また保護観察所では、これとは別に**「性犯罪者処遇プログラム」**があります。

こうした教育的なプログラムが採用されたきっかけは、子どもが被害者となった凄惨な性犯罪事件でした。

2004年に発生した奈良小1女児殺害事件で犠牲になったのは、小学1年生の女子児童でした。彼女を誘拐、殺害、死体を遺棄した小林薫死刑囚（すでに執行）にはそれ以前にも子どもへの強制わいせつで前科があったとわかり、社会に衝撃を与えました。彼は精神鑑定の結果、小児性愛障害と診断されてもいます。
これを受けて、性犯罪者の情報を社会に向けて公開する、アメリカのメーガン法（詳しくはP186）のようなシステムが必要なのではないかという議論が紛糾しましたが、政府はそうではなく教育的なプログラムを実施することによる再犯防止を目指すことに決めました。翌年には法務省矯正局と保護局が共同して研究会を起《た》ち上げ、2006年度からR3が矯正施設内で実施されるようになったのです。その目的は、次のように説明されています。

「強制わいせつ、強姦その他これに類する犯罪又は自己の性的好奇心を満たす目的をもって人の生命若しくは身体を害する犯罪につながる自己の問題性を認識させ、その改善を図るとともに、再犯しないための具体的な方法を習得させる」

しかしその後も、前科がある者による子どもへの性犯罪事件はなくなっていません。むしろ、子どもに性加害をした者の再犯率は高いということが、徐々に知られ始めています。
刑務所内で、そして出所後に保護観察所で、彼らが再犯しないためには何をすればいいのかを学ぶ、それ自体はたいへん有意義でしょう。ここでは具体的な指導の内容には触れませんが、刑務所はカナダのプログラムを、保護観察所はイギリスのそれを参考にしてカリキュラムを組み立てています。リスクアセスメントといって、ひとりひとりの再犯リスクを査定し、それに基づいて対象者を分類し、リスクの高さに見合ったカリキュラムを受講していきます。指導には、教育専門官と呼ばれる刑事施設の職員、認知行動療法等の技法に通じた民間の臨床心理士などが当たります。

その成果を伝える報告がある一方、問題点も指摘されています。

ひとつには、性犯罪で服役している者すべてが対象ではないこと。法務省発表の資料によると**「性犯罪の要因となる認知の偏り、自己統制力の不足等がある者」**がR３を受けられるとあります。が、全国に68ある刑務所のうち21カ所でしか実施されていないこともあって、受講待機者の数ばかりが増えていくのが現状のようです。

まず、刑期が短いものや罪名が性犯罪ではない刑法犯は弾かれます。盗撮や、下着のなかに手を入れない痴漢は迷惑防止条例違反ですし、下着窃盗は文字どおり窃盗罪なので性犯罪として扱われないのです。クリニックに通う、受刑経験のある者から「希望を出したけど、結局は受けられなかった」という話を聞いたこともあります。

そして治療反応性が低いと思われる者――知的・精神・身体障害がある、発達障害がある、言語能力に問題がある者らは、本人が強く希望したとしても受講のチャンスがないといわれています。

その結果、報告のうえでは効果があるように見えますが、それは実態と大きな差があると指摘されています。

またプログラムを受けるタイミングの問題もあります。刑期を終える直前に受けるのであればそれなりの効果が期待できるプログラムでも、懲役10年のうち5年目で受けてしまえば、出所するころには忘れていてもおかしくありません。R３の教科書のようなものであるワークブックも、R３終了後には返却が求められるというからもったいないことです。

第一、刑務所のなかには対象となる存在がいないのです。子どもを性対象とする者であれば刑務所に子どもはいませんし、その渇望を高めるきっかけとなる児童ポルノもありません。そのようななかで〝子どもに性加害をしない自分〟に自信をつけることができたとしても、出所して社会に戻れば、至るところで対象年齢の子どもの姿を目にします。そうしたときにどう対処すべきかをR３で習ったはずなのに、気づけば子どもの後をつけていっている……。すぐに再犯しないまでも、彼らのなかで自信が揺らぎます。

ストレスで加速する加害

また、再犯するのは対象がすぐ身近にいるという理由からだけではありません。P１７５で見た再犯の動機も、ストレス等の発散が４割近くを占めていました。先述のKは出所後、再犯する前にこんな状態にありました。

「長崎にいた元妻や息子、親きょうだいから冷たくあしらわれ、会ってももらえない。

元妻からは、〝息子たちはアンタなんかと会いたくないといっている〟とも告げられました。それがかなりのショックだったうえに、私のアパートに警察の方がなんの前触れもなく訪ねてくる。小さなアパートなので住民からもおかしな目で見られ、嫌がらせをされるようになりました」

アパートにもいられなくなり追い詰められたという。

「どこにも行き場がありませんでした。今回の事件の1カ月前は月の半分をネットカフェで過ごしていた状態です。不眠症で、金銭的にも精神的にもめちゃくちゃだったときに、女の子に目がいってしまい……」

――「週刊新潮」2019年3月7日号掲載

彼は30代から大部分の時間を刑務所で過ごしていますから、出所してもすぐに社会に適応できずにいたようです。この引用文を読んだだけでも、Kがどんどん社会のなかで追い詰められていく様子がよくわかります。これを自業自得と片づけるのは簡単ですが、社会に居場所があれば最悪の事態は避けられた可能性が高いのです。

性犯罪全般にいえることですが、加害行為をしたときを振り返り、「自暴自棄になっていた」と語る者は少なくありません。もう死んでもいいと思うくらいヤケになっていた、どうせ死ぬなら強姦してからにしようという視野狭窄《きょうさく》状態に陥り、「自分が死ぬか、他人に加害するか」という究極の二者択一を自問自答したと語る加害者を何人も知っています。「相談できる人がいなかった」というのも、再犯後によく聞くエピソードです。

Lは、刑務所内でR3を受講するときに心理的なハードルが高いことを伝えてくれます。

「(R3は)あまり……良いようには思えんかったです。周りの人に気を使うので……。いろいろな工場におります囚人たちが、こういう犯罪をしている人だけ集められてプログラムを受けますので。いつこういう教育してるかというのを周りの囚人たちに知られてしまうので、気を使いました」

「プログラムの際は特定の受刑者だけが集められるため、その受刑者が〝性犯罪で服役している〟ことをほかの受刑者に知られてしまうというのだ。

「服役の理由を知られてしまいます。知られたくはない。そこに神経を取られてしまいました」

——「現代ビジネス」2019年10月5日号掲載「性犯罪くり返す福岡小5女児殺害事件被告の驚愕発言『合意はあった』」　※( )内は筆者註

性犯罪で服役している者は、ほかの犯罪で服役している受刑者から白眼視される傾向にあるといいます。自分より弱い相手を力ずくで性的に支配する、というのが犯罪のうちでも最も卑怯《ひきょう》で卑劣、つまり〝男らしくない〟〝女々しい〟と思われているようです。そのなかでも子どもに性加害したとなると、「ロリコン」などといわれ、なおさら軽蔑の対象とされます。Lが自身の罪状を知られることに対してここまで神経を尖《とが》らせていることからも、どんなに厳しい目が向けられるのか想像がつきます。そういう意味では、刑務所のなかも一般社会と相似形を成しているのだということがわかります。

小児性犯罪は、性犯罪のなかでも別格だと常々感じます。そうした意識を多くの人が共有しているがゆえに、子どもへの性加害の前科がある者に対して、自分たちの生活から遠ざけよう、社会から排除しようという強い力が働きます。

子どもが自分で自分を守るには限界があります。守るのは大人の役目です。が、こうした白眼視がかえって再犯の危険性を高めていることを、私たちは知らなければなりません。Lのように再犯したくないという意思があり、R3受講のチャンスに恵まれたにもかかわらず、それに専念できないようでは、社会に戻ったときのリスクは減らないままです。

R3は基本、グループワークの形で進められます。ひとりで受けるのではなく複数人でグループを作って受講し、専用のワークブックを使います。事件を振り返って加害行為につながった要因を探ったり、自身の認知の歪みを洗い出したりします。

その際、グループ内で自身のことを話し、共有し、意見を交換するといったことも行われますが、これが小児性犯罪の人たちにとって大きな壁となります。成人への性加害行為と子どもへの性加害行為とのあいだには、目には見えないけれどくっきりとした線引きがあります。前者は後者に対して「自分たちのほうが、マシ」「あそこまでひどくない」「ロリコンは脳がイカれている」と差別し、見下している節があります。それはそれで褒められた考えではありませんが、どう思われているのか察した後者は口を閉ざします。それが原因でR３の受講をドロップアウトする者もいると聞いています。

私たちのクリニックでは、性犯罪を犯した者を対象としたプログラムを実施しています。R３と同じく、グループで考え話し合う機会が多くあります。子どもに性加害をくり返してきた者たちも当初から受診していましたが、長続きする者は少数派でした。一般には〝性犯罪〟ということで一緒くたにしがちですが、彼ら自身がお互いを〝一緒〟とは思っていないと感じます。そこで、子どもへの性加害をした者らを分け、日本ではじめて小児性愛障害者に特化したプログラム（ＳＰＧ：Sexual Addiction Pedophilia Group-meeting）をスタートさせたのが２０１８年です。成人と子ども、対象を区別してプログラムを行うメリットは後述しますが、子どもに性加害をしてきた者らがドロップアウトせず通院を続けられるケースが大幅に増えました。

簡単なことではありませんが、R３でも同様の仕組み作りを試みる価値はあるのではないかと考えます。

再犯リスクを下げる方策

仮釈放であれば、保護観察期間が一定期間以上ある者は、出所後に保護観察所で「性犯罪者処遇プログラム」を受けることになっています。これは刑務所内ではなく社会のなかで再犯防止の指導をするもので、仮釈放対象者だけでなく裁判で保護観察付の執行猶予判決が出た者も含まれます。

保護司と定期的に面談したり連絡を取り合ったりし、困ったことがあれば相談しながら社会復帰を目指す。それと同時に、専門のプログラムも受けられるというのは、それだけを聞けばベストとはいわないまでもベターな制度のように聞こえます。少なくとも、長期の服役期間を経ていきなり宙ぶらりんの状態で社会に戻らなければならない満期出所者と比べると、再犯リスクが低くなることを期待できます。

「平成27年版 犯罪白書」ではその成果について、「性犯罪の再犯についても受講群の方が非受講群よりも推定再犯率が低いことが明らかになった」「性犯罪の再犯を、強姦、強制わいせつ及びその他（下着盗、露出、窃視、児童買春等）の罪名別で見ると、いずれも受講群が非受講群よりも推定再犯率が低く、取り分け強制わいせつとその他は、統計的に有意に低いことが明らかになった」と報告されています。

特筆すべきは「家族プログラム」が用意されていることです。身内に性犯罪者がいるとなると、家族も社会のなかで孤立しやすくなります。周囲が知らない場合でも、本人らが心に壁を作り、人を遠ざけてしまう傾向にあります。家族がそうならないよう耳を傾けてサポートする機能があるのは、とても有意義だと思います。

ここには、仮釈放になった対象者が受けるプログラムについて家族に知ってもらうという目的も含まれています。私たちのクリニックでも、家族が理解し、協力してくれている者は治療の継続率が高いといえます。

しかし、この性犯罪者処遇プログラムにも問題はあります。まず、受講期間がたいへん短いこと。プログラムの内容は刑務所内で行われるR３とだいたい同じで、全５課程用意されています。それを２週間に１課程ずつ行うので、３カ月間で５回のプログラムを受ければ終了してしまいます。多くの場合、服役していた期間、保護観察期間よりも、その後の人生のほうが長く続きます。その長い時間をずっと再犯せずに過ごすための方法を身につけるには、このプログラムにはあまりに短い時間しか用意されていないのです。

Ｐ１７１の〈図17〉を見ると小児わいせつ型の再犯は、早い者で出所後88日が経ってから行われたことがわかっています。そのあいだにも表面化しない加害行為をしていた可能性はありますが、これを見るにつけても３カ月程度のプログラムが、いかに不十分かがわかります。

司法制度のなかで再犯防止のための施策がないわけではありません。けれどそれは性犯罪者全員が受けられるものではなく、社会のなかで継続的に続けられるものでもありません。そして保護観察所のプログラムを終了後に、当クリニックで行っているような継続的な地域トリートメント（社会内での治療）へとつなぐ役割を担っている人も機関もありません……これが日本の現状です。「つなぐ」という重要な機能が完全に抜け落ちているのです。

事件が大きく報じられたKやLだけでなく、P170〈図16〉で示したように何度服役してもまた子どもに性加害を行い刑務所に逆戻り、という者たちが出てくるのも、いってみれば当然ではないでしょうか。

では、海外では、どんな対策が取られているのでしょうか。

代表的なものは、やはりアメリカの**「メーガン法」**でしょう。1994年に当時7歳のメーガン・カンカさんがレイプされたうえに殺された事件で男が逮捕されましたが、彼には女子児童に対する性犯罪事件でそれまで2度の逮捕歴があったことがわかりました。両親が署名活動を熱心に行ったこともあって、再犯防止策を求める市民の声が一気に盛り上がり、性犯罪者の現住所、犯罪歴などを広く公開して、地域社会に通知するこの法律ができたのです。インターネット上にその情報が載っているため、地域社会どころか全世界からアクセスができます。

イギリスやフランスなどにも、性犯罪者が出所後に住所などを登録する制度はありますが、一般市民には非公開となっています。

また、性犯罪前科のあるものにGPS端末を身に着けさせ、その位置情報を把握するシステムも、アメリカのいくつかの州のほか韓国、イギリスなどで採用されています。

日本でもこうした制度が導入される可能性はあるのでしょうか。これまでにもたびたび検討はされてきましたが、しかし話題にのぼるたびに、加害者の人権やプライバシーが侵害される恐れがあるとして具体的な議論にはならないまま立ち消えました。

国レベルではR3や再犯防止プログラム以外に再犯を防ぐための方策が進んでいないといえますが、近年は変化を促す動きが地方から起きています。

大阪府では**「大阪府子どもを性犯罪から守る条例」**が2012年に施行されました。18歳未満の子どもに対する性犯罪によって実刑判決が出て服役した者に対して、出所してから5年が経つまでのあいだに大阪府内に住む場合には、氏名、住所、性別、生年月日、連絡先などを府に届け出ることを義務づけるものです。これは、単に該当する者の居場所を知って監視するだけでなく、社会復帰支援につなげることも目的としています。日本版メーガン法とでもいうべき条例ですが、やはり元受刑者のプライバシー保護を案じる声は根強いようです。

福岡県でも2019年に施行された**「福岡県における性暴力を根絶し、性被害から県民等を守るための条例」**のなかで、性犯罪で服役した元受刑者が県内に住所を定めた場合、氏名、住所、連絡先、罪名等を知事に届け出るよう義務づけています。期日は、刑期満了の日から5年を経過する日までです。

また新潟県では県議会において、性犯罪者にGPS端末を装着して監視するシステムの導入についての検討を求める意見書を国に提出することが、賛成多数で可決されました。これは2018年5月に同県内で発生した、小学2年の女児が殺害され、死体が線路内に遺棄された事件を受けてのものです。逮捕された20代の男は同年の4月にも別の少女を連れ回すなどしたとして書類送検されていました。

「子どもに性加害をした者は、社会からの治療的アプローチが何もなければ再び子どもに加害する」と多くの人が思っているからこそ、いまこうした動きが起きているのではないでしょうか。しかし、監視や厳罰化というアプローチが再犯防止の唯一にして絶対の解なのかというと、賛否両論があり世界的にもまだそのことは証明されていません。

アメリカでは、メーガン法が施行されてからも再犯率に関しては大きな変化がないといわれています。一方で、韓国で行われている足首にGPS端末を装着させる方法では、再犯率が17%から1・8%に下がったというデータもあります。

そこで私たちが考えているのが、子どもに性加害をした者たちを社会のなかで適切に治療につなげ、再犯しないよう継続的に教育的治療をしていくことです。数週間や数カ月ではなく、数年単位での治療です。そこで再犯防止のための具体的な方法を身につけ、薬物療法なども併用しながら、最終的にはその者自身を〝再犯しない自分〟へと導くのです。性暴力、特に子どもへの加害をする者の再犯防止に近道はなく、そうした本質的な変容がなければ、何かのきっかけでまた子どもに加害してしまう可能性が高いのです。

現在の日本にはそれができる民間施設は片手で数えられる程度しかなく、また強制力がないため、社会のなかで再犯防止のプログラムを実施している者は日本全国でごくわずかです。

そこで参考にしたいのが、カナダの制度です。同国には**「治療的保護観察」**という制度があり、性犯罪で受刑した者は出所後の保護観察期間中、再犯防止プログラムの受講が義務づけられているのです。強制力をもって行われているものなので、「受けない」という選択肢はありません。そこには薬物療法も含まれており、対象者は定期的に採血をして血中濃度を測ります。その結果、服薬していないことがわかると、再び刑務所に戻されるのです。つまり矯正施設と社会内の施設が連動しており、対象者が再犯防止の道を外れることなく歩んでいける体制が整っているということです。

カナダは性犯罪の取り組みにおける先進国のひとつで、こうした制度によって実際、再犯率が下がっています。法律や司法制度はさまざまなバックグラウンドに基づいて決められているものですから、カナダでうまく機能しているものをそのまま日本に当てはめてもうまく機能するかどうかはわかりませんが、参考にできるところは多いと思われます。

〝再犯しない自分〟への道

薬物療法についても述べましたが、日本ではこれについても消極的です。

後述しますが、私たちのクリニックでは薬物療法を実施しています。具体的には、「SSRI（選択的セロトニン再取り込み阻害薬）」を処方します。本来は抗うつ剤として広く使用されているものですが、副作用に勃起《ぼっき》不全があります。性的欲求が抑制されるので、加害行為へと駆り立てる要因のひとつをなくすことができるという考えです。

使用にあたっては、あくまでも本人の意思を尊重します。医療行為ですから、本人が希望しないのに無理やり服用させることはできません。人によってはSSRIよりさらに強力な、抗精神薬を処方することもあります。服用を継続すると勃起障害の副作用がさらに強く出るものですが、ほかにも吐き気などの症状が出て辛い思いをします。そのことを知ったうえでなお、「性的な衝動を抑えられないから処方してほしい」と自分から希望する者もいます。それだけ効果を感じられるもののようで、「これまでなら街で女の子とすれ違うと吸い寄せられるようについて行ったけれど、いまは振り返ることがなくなった」と話す者もいます。ひとつの欲求を手放したことで、別の治療に専念できる効果もあるようです。

現状では、刑務所内でのＲ３や保護観察所での性犯罪者処遇プログラムにおいて、効果的な薬物療法は実施されていません。先述のとおり、２００４年の奈良女児殺害事件を機にはじめて性犯罪者の処遇プログラムについての研究会が発足されましたが、そのときすでに薬物療法について議論されていることが、「性犯罪者処遇プログラム研究会報告書 平成18年」からわかります。報告書を見ると薬物療法について「強迫性のある性犯罪者、男児を被害者とする小児わいせつ犯等において効果が高いとされている」としながらも、「どの性犯罪者にも望ましい効果を及ぼすわけではない」「人の生理的機能を損なうことを内容とするものであり、副作用が生じるおそれもある」などの理由で導入が先送りにされ、いまだに国内の矯正施設での採用は実現していません。

同報告書には、すでに薬物療法を実施している欧米では「いずれも認知行動療法等に基づくグループ療法又は個人療法を併用してはじめて効果を上げるものである」とあります。まさにそのとおりで、薬物療法はそれ〝だけ〟で再犯防止に高い効果をもたらすものではありません。〝再犯しない自分〟へと変容するには薬で欲求を抑えるだけでなく、物事の考え方や捉え方、周囲との人間関係、生活習慣など総合的にアプローチしていく必要があります。

クリニックに通っていたMは、当時40代の男性でした。彼が小学生の女児に対して起こした事件は大きく報じられましたが、女児にくり返したわいせつ行為は裁かれず、未成年者誘拐と恐喝のみで1年6カ月の実刑判決が下されました。つまり性犯罪で服役したわけではないので、R3や性犯罪者処遇プログラムは対象外となります。

彼は刑期を終えて出所した後、子どもに関わる職を得て、そこで複数の児童に性加害をくり返していたことを、後にメディアに対して語っています。さらに、子どもに対する強い欲求や渇望が消えないことを赤裸々に吐露してもいます。

彼はその後、私たちのクリニックに通院するようになり、薬物療法を含めた治療プログラムを受けたことではっきりと性欲の減退を自覚したようでした。しかし彼はそのことに不全感を抱き、納得できなかったようです。

「性欲自体がなくなってしまうと、自分が自分であるという気がしなくなる」

「こんな状態で生きていくんだったら、刑務所に行ったほうがマシだ」

といい、それを実行に移そうと思ったのかは定かではありませんが、休みの日に下着窃盗という問題行動に出ました。結局、被害店舗が被害届を出さなかったので事件化はしませんでしたが、彼はそのままクリニックに来なくなりました。

薬物療法で欲求や渇望を抑えるだけでは再犯防止としては不十分だということが、おわかりいただけたと思います。彼に対しても薬物療法とその他のプログラム、認知行動療法やグループミーティングを同時進行で行っていました。それぞれのアプローチがどのように影響し合いながら本人の変容を促すかというと、それには個別性があります。薬物療法はクリニックにおいても必須ではありません。それを選択せずに、プログラムとグループミーティングのみで再犯防止に努める者もいます。Mの場合は、そのことをまだ理解できていない最初の段階で大きな喪失感に苛まれ、「治療を継続しない」選択をしてしまったといえます。

薬物療法〝だけ〟では不十分、しかし薬物療法と並行して行うことでプログラムがより効果的になる可能性が高いのは、間違いありません。

この状況を踏まえると、出所前から医療的なアプローチを導入することが再犯防止に効果的であり、それは出所時に福祉的アプローチ、教育的アプローチとセットにするのが理想的ではないでしょうか。具体的には、保護観察所で受けられる性犯罪者処遇プログラムに薬物療法を取り入れるなどといった方法です。本気で性犯罪の再犯防止を考えるなら、避けては通れない課題だと思われます。

第7章

回復責任――〝やめ続ける〟ために

性犯罪、なかでも子どもが犠牲となった性犯罪では、「一生、刑務所から出すな！」といった強い論調が噴出します。第6章で見たとおり、実刑判決が下って服役してもなお、出所後に子どもへの性加害をくり返す者が確実にいるという現実を前にすると、なんとかしなければいけないと思うのは自然なことだと思います。

「出たら、また確実にやってしまう」と当人がいくら不安に思っても、いつかは社会に戻らなければなりません。

刑務所は矯正施設なので、服役中に受刑者が事件について反省し、それを踏まえて生活を立て直し、健全な社会生活を営める一員として社会に戻っていくことを目的としており、そのために税金が費やされています。一説によると、受刑者1人当たりの収容費用は年間約300万円。4年間収監されていれば1000万円を超えます。「一生、刑務所から出すな！」というのは、現実的ではないとわかります。

また、刑務所で罪を償ったはずなのに再び子どもに性加害をして逮捕されれば、逮捕、勾留、起訴、公判、そして判決と続く刑事手続きにかかる費用も税金で賄われます。人件費なども含めもろもろを試算すると、1人当たり数百万円以上かかるとされています。

性暴力は、人権問題です。その人の尊厳を踏みにじり、安心して社会生活を送れるという確信を奪います。しかし社会的コストの面からこの問題を見ても、大きな損失しかないことがよくわかります。その損失を最小限に抑えるためにも、再犯をせず社会に適応していくことが求められます。

クリニックに通う加害者たちが目指しているのは、再犯防止です。くり返しになりますが、事前に犯罪を予測して加害者となりうる人物を特定し、その犯罪を未然に防ぐことは、残念ながらほぼ不可能です。とはいえ、再犯率の高いこの性加害行為においても、「二度とくり返さない」ようにさせることは不可能ではないと考えています。

そのためにクリニックでは、彼らを対象に加害者臨床でのさまざまなアプローチを行っています。これは治療教育、すなわち治療の側面と教育の側面を併せ持った行動変容のためのプログラムであり、支援でもケアでもありません。支援やケアが必要なのは被害者です。治療教育は、彼らに自分がしたのはどういうことかを振り返らせ、それに対してどう責任を背負って生きていくかを常に考え続けさせることを目標としています。

子どもへの性加害は、社会のなかで学習された行動だとお話ししました。だからこそ、治療教育を通して学習し直すことでやめ続けることができるという考えに基づいています。

ここからは、性犯罪及び性依存症グループを対象とした「性依存症デイナイトケア」の概要と、そのなかで行われている再発防止プログラムについて解説していきます。彼らが学習し直すため、クリニックが認知行動療法をもとに独自に開発したプログラムです。

治療には〝三本柱〟があります。

1. 再発防止（リラプスプリベンション）

小児性愛障害には、嗜癖行動としての側面があります。嗜癖とは依存症とだいたい同じ意味です。依存症は「再発（relapse、リラプス）する」＝「回復のプロセス」という捉え方をします。これはアルコールや薬物のような物質依存でも、ギャンブルなどの行為・プロセス依存でも変わりません。

治療を始めてお酒やドラッグ、パチンコをやめられた……と思ったら、何かのきっかけであっさりと対象行為に手を出してしまう。これは、本人はもちろん、治療をサポートする身近な人たちにとってもショックな出来事です。せっかくやめ続けていた日々が水の泡となって消えたように思えるでしょう。が、これは決して絶望的な事態ではありません。依存症に再発はつきものだからです。それで諦めてまた地獄のような日々に逆戻りするのでなく、何が引き金となって再発したのかを振り返り、自分と向き合い、次の再発を防ぐにはどうすればいいかを治療者や仲間とともに分かち合う……という過程が、また今日から始まる回復にとってプラスに働きます。

依存症からの回復は自転車の運転の練習にとても似ています。誰でも最初からうまく乗りこなせるわけではなく、ときには障害物につまずいて転倒しケガをすることもあるでしょう。たとえ転んだとしても、少し休憩してからまた練習を始めます。ここで運転する努力をやめてしまうと、後退するだけ。練習を続けることではじめて、ハンドリングのコツをつかみうまくなれます。障害物があっても対処できるようになるでしょう。そのうち長距離の運転も可能になります。ただし飛ばしすぎるのは禁物です。ずっと立ち漕ぎもできません。その人にとって無理のないペースでこそ進み続けることができます。依存症からの回復にも同じことがいえます。三歩進んで二歩下がってもいい、けれど確実に前に進んでいくことが重要です。

しかし、性犯罪の治療については事情が異なります。再発すれば、新たな被害者を生みます。再発＝再犯となります。それはあってはならないことです。それを防止（Prevention、プリベンション）する責任が、彼らにはあります。もう二度と子どもに性加害をしないと闇雲に誓うのではなく、みずからを再発に駆り立てる要素を洗い出し、それをどう回避するかを考えます。それを「リスクマネジメント・プラン」として毎月、専用の用紙に落とし込み〝見える化〞していくのですが、その詳細については後述します。

2. 薬物療法

薬物療法は全員に強制されるものではなく、また、それ〝だけ〟で効果が期待されるものではないことは第6章でお話ししたとおりです。私たちから薬物療法を提案することはありますが、最終的に決めるのは本人です。希望者のなかには、紹介状をもらってほかの医療機関に行き、自費でホルモン療法を受けながら、再発防止のプログラムは当院を利用するというパターンもあります。

抗精神薬を使う場合には強い副作用があることも説明しますが、「被害者は苦しんだ、自分も副作用の苦しみを引き受ける」「再犯しないためには、大事なものを手放さなければ」と覚悟を決めて薬物療法を選ぶ者もいます。彼らにとっての大事なものとは、子どもへの性的欲求のことです。

副作用のひとつとして、男性らしい身体的特徴が減退するというものがあります。実際、ホルモン療法に取り組んでいた男性のなかに、身体が次第に丸みをおび、胸が出てきて、体毛が薄くなり、さらに精液も薄くなってきたと述べる者もいました。

海外の研究でも最も効果があるといわれている治療法のひとつですが、わが国ではまだ保険適応外でエビデンスが少ないのが現状です。この薬物療法に関しては、今後のさらなる研究が望まれる領域で、当クリニックでも重要課題のひとつです。

3. 性加害行為に責任を取る

彼らには、みずからの問題を克服する責任があります。小児性愛障害という病に陥ったことについては、責任はありません。病気全般にいえることですが、望んでなったわけではないからです。しかし、彼らはその病が原因で取り返しのつかないことをしました。このまま病を放置して生きていくと、新たな被害者が出ます。ですから加害行為をしたいという欲求や衝動をコントロールし、自身で制御していかなければなりません。

「好きでこうなったわけじゃない」「個人の性嗜好は縛れない」という言い訳は許されません。また、コントロールしない限りは本人の社会生活にも大きな支障が出ますから、彼らは責任を持って回復を目指さなければならないのです。これを「回復責任」といいます。

クリニックでは、回復責任をさらに次の3つに分けて考えています。

○再発防止責任

性被害に遭った人たちに加害者に何を求めるかを訊《たず》ねると、「刑務所から一生出てこないでほしい」「死をもって償ってほしい」「二度と被害者を出さないでほしい」といった回答が得られます。被害者の話すことに耳を傾け、たとえ耳が痛くともその声を引き受けることは、責任を取るひとつの形だと考えています。

「刑務所から～」や「死をもって～」が現実的にむずかしいことは、すでにお話ししたとおりです。しかし、最後の「二度と被害者を出さないでほしい」というのは、三本柱のひとつ「再発防止」に取り組み、〝子どもに性加害しない毎日〟を積み重ねることで実現できることになります。クリニックへの通院を続ける、ときには有効な薬物療法を選択する、加害行為へのきっかけになるマスターベーションをやめる、児童ポルノをすべて処分するなど、その人に合わせたアプローチのひとつひとつが、再発防止へとつながります。そうやって、みずからの行為責任と向き合い続けていくための方法論を蓄積しながら、日々、実践をくり返していきます。

○説明責任

これには、ふたつの意味があります。

ひとつは、自分の加害行為に関してクリニックのスタッフや同じ治療に臨んでいる仲間たちの前で正直に話すことを指します。これはとても重要で、すべてはここから始まるといっても過言ではありません。依存症からの回復は体験談に始まり、体験談に終わるのです。

彼らは、子どもに対する性嗜好や加害行為をずっと自分ひとりの胸に秘めて生きてきました。性的接触を続けるために隠し、嘘をつき、子どもにもそれを強いてきました。逮捕され取り調べを受けたときにすべてを正直に話したかというと、そんなことはなく、捜査対象事件以外の加害行為については多くの加害者が口をつぐみます。

もうひとつは、再発したときやリスクが高まったときに正直にカミングアウトすることです。再発の前には必ず何段階もの警告のサインがあります。たとえば児童ポルノを見ながらマスターベーションをしたとか、子どもが多く集まる場所に行ってしまったとか、そうしてリスクが高まったときにも仲間たちの前で告白します。

「正直になる」ということは、周囲に助けを求めることにもつながります。ひとつ例を紹介しましょう。複数回受刑し、最後の服役を終えて満期出所した男性の話です。

＊＊＊＊＊＊＊＊N　男性・42歳

何回も刑務所に入っていますから、そのときは「今度こそ再犯しないぞ！」とかたく誓いましたよ。出所時には、遠方から家族が来て刑務所の前で待ってくれていましたしね。家族の顔にも「もうこれで最後だぞ」「次は縁を切るからな」という覚悟が見えました。そのとき私のポケットには、こちらのクリニックの電話番号を書き留めたメモがありました。刑務所内で治療のことを聞き、何かあったときは受診しようと思っていたんです。でも私はR３を受けていたので、出所後はそこで学んだことを実践していけば大丈夫、という妙な自信を持っていました。

前回出所した後は、ひとり暮らしをしていました。でも、再犯しちゃったんですよ。だから今回は兄が同居してくれることになっていました。出所して3カ月ほどしたある日、ハローワークに行きました。なかなか仕事が決まらなくて、焦る気持ちばかりが先行していました。予定よりも早く面談が終わったこともあり、少しブラブラしようと近くの公園に立ち寄ったところ、小学1～2年生くらいの女の子が目に入ってきて……。その子は公園に忘れ物をしたらしく、それを見つけて帰っていきました。私はそこで、「あの子はきっとまたこの公園にくる！」と直感的に考えていたんですよ。

そんな自分に気づき、受刑中には完全にオフになっていたスイッチがオンになったと感じました。もう大丈夫だと思っていたのに……。自分のことが本当に恐くなって、すぐに同居している兄に電話で打ち明けました。話しているとき涙が止まりませんでした。そういう考えが浮かんできた自分が情けなくなったんです。受刑中に教えてもらったクリニックの電話番号のメモを財布から出して、一緒に相談に行ってほしいと頼みました。


休みを取った兄に伴われて彼がクリニックを受診したのは、この翌日だったそうです。

現在の彼は出所後約2年間が経過したところで、いまも兄と同居しながら薬物療法も含めた治療を継続しています。

正直に生きることや助けを求めることは、依存症からの回復において非常に重視されます。種類を問わず依存症の真っただ中にいるときは、嘘に嘘を重ねるからです。酒を飲まないといったのに飲み、でもそのことを家族にも黙っている。もうギャンブルはしないと約束したのに、嘘をつき借金までしてまたパチンコに行く。黙っていることで、次の問題行動への準備をしているのです。そしてそれを実行に移すと、また嘘をつきます。その連鎖を断ち切るには、「正直に生きる」こと以外に道はないのです。

○謝罪と贖罪

加害者はよく謝罪し、反省します。より正確にいうなら、謝罪することをよく求められるのでそれに反射的に応じている、といったところでしょうか。裁判では、被告人みずから被害者への手紙を読み上げる儀式が定番になっています。

「私の非常に愚かで、あまりに身勝手な犯罪により被害者様の心身に取り返しのつかない傷を負わせてしまいました」

「人としての尊厳を踏みにじり人格にも傷をつけてしまいました」

「本当に申し訳ありませんでした」

謝罪は、反省とセットになっています。自分がいかに反省しているかを見せたうえで謝罪の言葉を並べ立てます。

加害者臨床では、「加害者にとって最大限の謝罪は、被害者にとって最小限の謝罪である」といわれています。これは、加害者は被害者とは非対等であり、問題解決のための負担を被害者に求めない方針を取る、という原則からきています。

私は裁判に被告側の情状証人（被告人の人となり、生活状況、今後の更生プランや治療の可能性などを証言する証人）として出廷し、本人ないし弁護人が手紙を読むのを聞く機会がたびたびありますが、どれも似たり寄ったりのうえに〝それらしい〟文章を並べているだけなので、言葉だけが上滑りして聞こえます。事前に弁護士が入念にチェックしているので本人の言葉ではないのも、そう感じられる理由のひとつです。が、本人の言葉だけで綴られた手紙を読み上げたところで、被害者の感情を一層逆撫《さかな》でするだけでしょう。これでは、加害行為に責任を取るとは言い難いです。

被害者ならずとも彼らの謝罪をそのまま言葉どおりに受け取れないのは、それが「許されること」を前提とした謝罪だからです。許しが欲しくて、自分が楽になるために反省しているのです。そこを被害者はしっかり見抜いています。

＊＊＊＊＊＊＊＊Ａ　男性・32歳
僕が謝罪文を書いても、弁護士はあの子の両親に渡してくれようともしません。僕なりに毎日毎日、相手のことを考えて反省して、変わろうとしていますけど、なんの意味もないんですね。どうせ実刑なんだから、もう反省もしたくないですよ。

これは第1章の冒頭、Ｐ12で紹介した元塾講師の男性の語りです。彼のなかでは自分が書いた手紙が弁護士から児童の両親にわたり、なんらかの形で許しを得ることを想定していたのでしょう。思いどおりに事が進まず、苛立《いらだ》っている様子が伝わってきます。

彼は特に歪んだ認知の持ち主で、この手紙を書いた段階でも、被害者である女子児童らに対して「実はよろこんでいた」という思い込みがまだ根強く残っていました。そんな状態で書かれた手紙を、被害者もその家族も読みたくないでしょう。

許されたい――これは性加害をする人間でなくとも誰もが思うものです。私たちも子どものころからそうしてきました。してはいけないことをして叱られたとき、反省と謝罪の言葉を述べるということは小さい子でもします。そうすることを求められるからです。そしてそれをすれば、その場を切り抜けられることを知っています。本当に悪いと思っているかどうかよりも、相手、または周囲の目に反省している姿を映すことが大事なのです。懸命に反省の態度を示したのに相手は許してくれないとなると、今度は腹が立ってきます。「こんなに謝っているのに、なんで許してくれないんだ！」となるわけです。なんとも身勝手ですし、被害者からするとこれほど理不尽なことはないでしょう。Ａは自分の反省が誰にも受け入れられないことに憤っています。

被害者が加害者を許さなければならない謂《いわ》れは、まったくありません。その謝罪に耳を傾ける義務もありません。彼らのなかに、自分の犯した罪の本質を知ったうえで償いをしたいと願う〝贖罪《しょくざい》〟の気持ちがあれば別ですが、たいていの場合、そうなるまでには長い年月を要します。

私たちが行っていることは、そこに到達するまで彼らに伴走するイメージです。逆戻りしたり間違ったコースに逸れたりしないように交通整理をし、立ち止まったときはどうやったら再び走り出せるようになるのか一緒に考えます。無理やり走らせることはしません。誰かにいわれてやるというパターンは、加害行為の責任を自分で引き受けるのではなく、責任回避のスパイラルに陥っていくきっかけになるからです。彼らは無責任の天才です。

「なんでやったんだ」「こんなことをするなんて最低だ」と強く責めて反省を強いると、彼らは引っ込むだけで、かえって再発のリスクが高まることが、加害者臨床ではよく知られています。そうではなく、常に被害者のことを考えるよう促すのが、私たちの仕事です。「あなたのその行動、発言を被害者が見聞きしたらどう感じるでしょうか？」ことあるごとに、そう問いかけます。

彼らは最初、「えっ、なぜそんなことを聞かれるんだ？」という顔をしますが、反復して問いかけるうちに、何かをするとき被害者がどう思うか考えて行動するようになります。私たちは目の前にいる加害者らと向き合いますが、その向こうにいる被害者とも対話しているのです。これを「ダブルクライエント構造」といいます。

前掲のAを見てもわかるように、加害者のなかに被害者は存在しません。被害者の存在は、あざやかなまでに抜け落ちています。そして、彼らは自分がしたことの記憶を早々に手放します。学校でのいじめで、いじめられた側はそのことをいつまでも忘れられないのに対し、いじめた側は「そんなことあったっけ？」というのと同じです。やられた側、つまり被害者は忘れたくても忘れられません。何十年もその記憶や後遺症とともに生きていくことになります。

加害者が記憶を早々に放棄するのは、そのほうが自分にとって都合がいいからです。被害者は思い出したくないときに思い出しますが、加害者は思い出したくないときはそうすることができます。またその加害者記憶を利用して次の犯行に及ぶ者や、マスターベーションに利用する者もいます。性暴力というひとつの事象に対し、被害者が見ている現実と加害者が見ている現実がまったく異なるものであることを如実に伝えてくれます。加害者臨床ではこれを、「加害者は早期に加害者記憶を忘却する」といいます。

ともすれば、自分がしたことの詳細だけでなく、被害者の存在そのものが頭から抜け落ちてしまいます。特に刑務所に服役して出てきた者の多くは、被害者の存在はもう頭にありません。そんな状況ではいつまで経っても真の贖罪にたどり着けません。自分がしたこと、被害者に与えた影響の意味を考え続け、贖罪ができるよう歩みを止めないことが、性加害行為に責任を取るということです。

責任を取る、というのは簡単なことではありません。クリニックでは私たちも彼らに対してときに厳しい態度で臨みます。易《やす》きに流れることがないよう、教育的に関わるのです。そのなかで痛みを感じることもありますが、彼らはそれを乗り越えなければなりません。人は誰しも自分が楽になりたいものです。クリニックの通院をやめればすぐに自分がしたことを忘れますし、ある意味、楽になれるでしょう。しかし、再犯のリスクは一気に跳ね上がります。

そうではなく、クリニックに通い続け、痛みを克服しようとする姿勢が見えれば私たちはそれを尊重します。

当クリニックが子どもを性対象とする者たちを対象とした再発防止プログラムを開始し

てやっと1年以上が過ぎました。性加害をした者全体で見ると、10年以上通院を続けている者がいます。彼はそうして〝再犯しない日〟を積み上げていますが、いまもなお通院をやめると再犯してしまうかもしれないという自覚があります。それまでずっと加害行為を続けてきた自分から、加害行為をしない自分になるのです。自分自身を変えるのは、生半可な気持ちではできません。

クリニックでは、反省や表面的な謝罪は、いっさい求めません。彼らは謝ることに慣れています。土下座もしょっちゅうします。それは、自分が責められている場面から逃れたい一心でやっていることなので、治療を滞らせはしてもいい影響をもたらすことはまずありません。治療初期は反省しなくとも、問題行動を止めることに重点をおきます。クリニックでは認知行動療法や教育プログラムを通して、そのための対処スキルを一緒に身につけていくことを第一の目標としています。

最初の再犯を防ぐ！

認知行動療法とは、その人の認知、つまりものの見方や考え方に働きかけ、行動をコントロールできるようにする治療方法です。すべての依存症は、基本的に認知行動療法を軸にアプローチしていきます。クリニックでは、前述したように再発防止《リラプスプリベンション》を第一の目的としているので、リラプスプリベンション・モデルといわれる、リスク回避型の治療モデルを採用しています。

簡単に説明するとこの治療モデルは、子どもに性加害をくり返さない自分に変わるための長い長いプロセスのうち、「まずは問題行動をやめる」という最初の段階を強化していくもので、エビデンスに基づいた認知行動療法のひとつです。この段階ではやめるためにリスクを管理するスキルを身につけ、段階を踏んでそれを強固なものにしていくのです。クリニックでは行動や習慣をどのようにして変え、再発しそうになったらどう対処するのかを教えます。

問題行動の種類を問わず、再発とは変容し、修正していこうとするなかで必ず起きるものので、再発は「する」のが前提です。それゆえ小児性愛障害者にとって重要なのは、プログラムを始めた後、最初の失敗《ラプス》が生じるのを防止すること、そして実際にラプスが生じてしまったら、それが本格的なリラプスへとエスカレートするのを防止することです。

彼らはこれまで、歪んだ認知とともに現実を生きてきました。子どもに性的接触をしていい、子どもが性行為を望んでいた、子どもが性的によろこんでいた、自分と子どもとは純愛で結ばれていた……一度や二度そう思っただけではなく、何年も何十年もその認知で生きてきたのです。一朝一夕では修正できません。まず歪みを認め自覚するまでにも、年月がかかります。

おそらく、彼らはもう二度と加害行為をくり返したくないと思ってクリニックに来ています。さらに心の奥底には子どもと性行為をしたいという欲望がありますが、二度と刑務所に行きたくないという思いもまた強いのです。プログラムを受ける動機が「これ以上、被害者を出したくない」ではなく「刑務所に行きたくない」というのは、問題の本質を履き違えていると思われるかもしれません。しかし、私たちは治療を始めるに当たっての動機づけも、どれだけ意欲があるかも、重視しません。大事なのは、治療につながること。裁判のときに「もう二度と被害者を出したくありません!」と涙ながらに語り「だから全力で治療します!」と宣言した者ほど、意外とあっさりクリニックに来なくなるものです。逆に、最初は家族にいわれて仕方なく来ていた者が、継続的に通院して一歩一歩回復していくということもあるので、初診時の〝やる気〟は、あてにならないと考えています。

治療への動機づけは、治療におけるスタッフとの関係性のなかで高めていけるものです。現在では、動機づけ面接法など、そのためのさまざまな技法が開発されています。動機づけ面接法とはカウンセリング・アプローチのひとつで、対象者の「変わりたい、でも同時に、変わりたくない」という相反する気持ちを丁寧に引き出します。「変わりたい」という気持ちを強化することで、対象者みずからの「もう性加害したくない」という内なる動機に気づかせるというものです。その気づきを、行動変容につなげていきます。

治療に対する反発や認知の歪みに無理に気づかせることをせず、スタッフは彼らの抵抗感をまずは受け止めます。否定はしませんし、議論もしません。彼らのサインとしてそのまま受け止めながら関係性を構築し、「加害行為をやめる」「再発しない」ための方法を身につけることを優先します。認知の歪みに気づきながらもやめられないということもあるので、優先順位はおのずと決まります。

ＳＰＧ（Sexual Addiction Pedophilia Group-meeting）、小児性愛障害に特化した治療グループといっても性加害をした全員が同じプログラムを受けるということはなく、初診時にリスクアセスメントが行われます。これは危険性や有害性を特定し、その重篤度を見極めるもので、世界で広く使われている「Static《スタティック》－99」というリスクアセスメントツールを用います。その結果、高密度、中密度、低密度のいずれかに振り分けられ、その密度に応じた治療が始まります。高密度と診断された集団をハイリスク群ということもあります。

「性依存症デイナイトケア」は朝9時から夜7時まで、クリニックでさまざまなプログラムに従事します。密度によって利用日数は変わりますがハイリスク群の対象者は、月曜から土曜までの6日間、フルで利用している者が多いです。〈図20〉のような時間割が組まれており、まるで学生生活のようです。

こうして通院を続けると、規則正しい生活を送ることができるようになります。生活サイクルを整えることは、再発防止につながります。個別性はありますが、生活習慣の乱れ

〈図20〉クリニックで実施しているハイリスク群を対象としたデイナイトケア

	月	火	水	木	金	土
10:30〜12:00	SAGミーティング	教育プログラム	事例検討	ディスカッション	SAGミーティング	運営ミーティング
12:00〜13:00	食事プログラム	食事プログラム	食事プログラム	食事プログラム	食事プログラム	食事プログラム
13:50〜15:00	芸術行動療法	ピアカウンセリング	芸術行動療法	ロングウォーク作業療法	S-CBT(認知行動療法)	芸術行動療法
17:00〜18:00	自分史(0〜10歳)	朗読会	クッキング／映画鑑賞	映画鑑賞	アサーション訓練	メンバーミーティング
18:00〜19:00	食事プログラム	食事プログラム	食事プログラム	食事プログラム	食事プログラム	食事プログラム

はストレスにつながり、その対処法として問題行動を起こすため、リスク要因と考えられています。加害行為をしていた過去に逆戻りするかもしれない警告のサインでもあり、かなりリスクが高まっている状態と解釈します。

ハイリスク群の対象者は、この治療を最低2〜3年間は継続することになっています。入れ替わりはあるものの同じスタッフ、同じ問題を抱えた仲間たちと毎日顔を合わせます。昼食、夕食も一緒に摂り、家族より長い時間を過ごします。依存症の回復には、仲間の存在が欠かせません。それは性の問題がからむ嗜癖行動をくり返してきた者らにも当てはまります。彼らはこれまで、誰に知られることなくひとりで加害行為を計画し、実行し、くり返してきました。そのこと自体は許しがたいですが、一方で非常に孤独です。クリニックに通うことで、そんな日々とは真逆の毎日が始まります。ここで出会った仲間は、いままで世界のどこにもいなかった唯一の友人になるかもしれません。仲間のために再発を思いとどまろうという、加害行為をくり返していたころには考えもしなかった想いが芽生えてきます。

ハイリスク群の対象者は、治療初期段階において、就労しながらプログラムを続けるのは、実質不可能です。本人たちには早く仕事をしたいという焦りがありますが、まずは治療に専念することが大事です。「加害行為を必要としていた自分」から「加害行為を必要としない自分」へと変化しないうちに以前の生活サイクルに戻るとなると、再犯のリスクは高くなると断言できます。

その間の収入は、家族、ときには生活保護に頼る人が多いです。裁判などにかかる費用を家族に出してもらったケースが多いため、働かないことを心苦しく感じる傾向にありますが、家族としてはそれよりも何よりも再犯してほしくない、だからプログラムに専念してほしいという気持ちのほうがはるかに大きいのです。

プログラムでは自分自身を振り返り、性暴力や依存症について知ることに時間が費やされますが、それだけではありません。あるときは人とのコミュニケーション術について学び、あるときはさまざまな運動やレクリエーションを取り入れ、またあるときはクッキングなどひとり暮らしの準備のためのプログラムにも取り組みます。

いずれも加害行為を直接止めるものではありませんが、これまで人と適切な関係を築けなかったり、追い詰められたときの対処法を子どもへの性加害以外に知らなかったりした彼らが変わるためには、必要なプログラムばかりです。

リスクマネジメントを反復せよ！

数あるプログラムのなかでも再発防止のための核となっているひとつが、リスクマネジメントプラン（ＲＭＰ）です。リスクマネジメントプランとは、再発防止のための具体的な計画です。自身がどういう状態のときに再発してしまうのかを把握し、リスクが高まったときにどう対処するかを事前に決めておくことを指します。それを専用のＲＭＰシート〈図21〉に書き込んで自身の犯行のサイクルを〝見える化〟していきます。

類似のプログラムは、刑務所内で行われるＲ３でも「セルフマネジメントプラン」という名称で実施されています。女子中学生を２人殺害して約20年間服役、出所後に強制わいせつ事件を起こして４年間服役、その出所後さらに女子小学生にわいせつ行為をして懲役７年の判決が下ったＫは服役中にＲ３を受け、そのときのことをこう語っています。

「最終的には出所後になにに気をつけたらいいのか、自分はどんなことに陥りやすいかなどをノートに書きます。いざというときストップをかけるための緊急的な対応策などを、最終的な課題として具体的に書いていくのです。そのコピーは出所後に持ち出すことができ、コピーは自分にとって必要なものでした。お恥ずかしい話ですけれども、出所直後はくり返しくり返し、見ていました」

——「週刊新潮」2019年3月7日号掲載

内容からして、セルフマネジメントプランのことを指していると思われます。このセルフマネジメントプランとクリニックのRMPとの決定的な違いは、それを実施するのが刑務所の内か外かという点です。刑務所内でも自暴自棄になったり人間関係が危機的な状態に陥ったりなどリスクが高まることはあるにしても、そこには彼らの対象となる子どもがいません。一方でクリニックに通っている者はリスクが高まれば、自分から子どもに近づくことができます。

対象となる存在がいない刑務所のなかでリスク要因と対策について考えることがまったく無意味とは思いません。隔離《かくり》された空間だからこそ、落ち着いて過去を振り返り考えられる面もあるでしょう。問題は、出所した後に更新されないところにあります。ノートと真面目に向き合って再犯をみずからの意志で食い止めようとしたKですが、その後、再び子どもに性加害してしまいました。被害者や、その身近な人たちがこれを聞けば「R3を受けながら、なぜ?」と思わずにはいられないでしょう。

〈図21〉リスクマネジメントプランのサンプル

※2019年06月06日更新　　（名前：大森太郎）作成日：2019年7月18日

≪ リスクマネジメントプラン作成用紙：（3）回目 ≫　対象行為：小児へのわいせつ行為　／キーパーソン：両親 有明先生

☆ このリスクマネジメントプラン（RMP）は、性的逸脱行動を再発させないための計画です。

☆ 治療の3本柱を取り入れ、1か月に一度更新しより洗練された計画にしていきましょう。

☆ 性依存症の克服にとって重要なことは、回復に責任を持つことと、回復に積極的になることです。

【再発のリスクがまだ生じてない段階：あなたのグッドライフ・プラン】

【なりたい自分（回復のイメージ：Lv=レベル）】

- Lv①：問題行動を犯さない自分
- Lv②：他者や自分の感情から逃げない自分
- Lv③：同じ問題を持っている仲間を手助けできる自分

【なりたい自分になるための具体的方法】

- ① 子どもに関わる仕事NG、通院の継続
- ② 定期的にキーパーソンに相談する。
- ③ 自助グループに継続参加し、回復を続けていく。

引き金

【慢性トリガー（状態を悪化させる引き金）】

①人：小学生（小1〜小3）

②場所：通学路や公園（トイレ）

③時間：14:30〜18:00（下校時間）

④状況：周囲に人がいない、仲良くなる。

⑤感情（生理反応）：劣等感や孤独感、怒り

【慢性トリガーへのコーピング（対処方法）】

- 下校時間帯を回避するスケジューリング
- 外出時は誰かと一緒に行動する
- 両親にGPSで居場所をオープンに
- 深く呼吸をし冷静に自分の欲求を観察する（渇望サーフィン）

思考

【再発のリスクが徐々に高まってくる段階】

【警告のサイン（危険に気付くサイン：Lv=レベル）】

- Lv①：外見へのこだわり、浪費行動
- Lv②：身近な人にウソをつく
- Lv③：アダルトサイトや児童ポルノの閲覧（長時間のネット利用）

【コーピング（危険な状態から脱出する方法）】

- ① セルフトークで対処する。
- ② MCCワークシートを読み返す。
- ③ 児童ポルノ関係の処分、サイトへのアクセスのセキュリティを上げる

渇望

【急性トリガー（対象行為に直結する5つの条件）】

条件①：SNSのターゲットに関する書きこみの閲覧

条件②：毛のはえていない女性器のイメージ

条件③：極度の睡眠不足（過労）

条件④：暇な時間をもてあそぶ

条件⑤：わいせつ行為のためのローターを持ち歩く

【危機介入方法（あなたのクライシスプラン）】

- 平安の祈りを気持ちが落ちつくまで声を出して唱え続ける
- 警告音のアプリをならす
- キーパーソンへSOSのTELをする
- フリスクを3つ以上食べる

【今回のRMP作成におけるアピールポイント（改善点）】

① 段階的に実行可能なコーピングを選択した

② リスクに関してもどのように高まっていくのかを分かりやすく書いた。

③ キーパーソンとの関係を強化し、シェアリング（共有）を意識してコーピングの仕方を工夫した。

【行動化（再発：リラプス）】→ 再犯

出所後、強制力を持って治療機関につながれない現状が、最大の問題です。再犯をみずから〝選択〟し実行に移したのはＫ自身なので、この現状をもって彼が免責されるわけではありませんが、これは彼が社会でも適切なプログラムを受けていれば防げたかもしれない事件なのです。

クリニックでのＲＭＰシートは、毎月更新します。スタッフと個人面談をし、その月の自身を振り返って、どんなリスクがあったか、どう対処したか、そして新たに気づいた点はあるかといったことをフィードバックし、翌月のＲＭＰに活《い》かします。就労する、執行猶予期間が切れる、ひとり暮らしを始めるなど本人の状況が変われば、リスクもその対処方法も変わります。回復の進み具合によっても変わります。そのときどきに合った現実的なＲＭＰを立てていくことが大事です。机上の空論で終わってしまうＲＭＰでは意味がないのです。

まず最初にするのは、キーパーソンを決めることです。人はひとりでは依存症から回復できません。Ｋにとっては、家族から突き放され孤立した状態に追い込まれたのが、リスクがより高まる一因になったと推測できます。キーパーソンは、ともに再犯防止の道のりを歩いていくパートナーのような存在です。彼がこれまでしてきたこと、いま置かれている状況、再発のリスク要因、ＲＭＰシートに書き込まれた対処法などを共有し、彼のことを気にかけ、危機的な状況に陥ったときに相談できる、つまりＳＯＳを出せる人物です。

家族がその役割を担うことが多いですが、会社の上司、友人、一緒に治療を受けている仲間といった例もあります。思い当たる人がいなければ、スタッフが引き受けます。リスクが高まり、自分でも「やってしまいそうだ」というときキーパーソンに電話をする……というふうに、ふたりで再犯の芽を摘み取っていきます。

本人がキーパーソンへの連絡をサボったり、正直に話さなくなったりしたとしたら、それは警告のサインです。「ひとりで問題を抱え込み、キーパーソンから遠ざかっていく」＝「危険なサイン」という認識を双方が共有することで、再発の予測と防止につなげます。とても重要な役割なのです。

再発までの心の動きは、どの依存症もだいたい共通しています。順を追って説明します。

1．トリガー（引き金）が引かれる

〈図21〉には慢性トリガーとありますが、これには外的なものと内的なものがあります。前者は、対象となりうる子どもの存在や、これまで犯行を行っていた時間帯、場所、人目が少ないなどの状況を指し、後者は孤独感や劣等感、イライラしているなどの心の動きや、子どもも性的行為を望んでいるなどの偏った考えを指します。加害行為に向けての、最初のスイッチが入るイメージです。

2. 思考・感情が動き出す

トリガーが引かれると、その人のなかで再発に向けての思考や感情が動き出します。たとえば「ちょっとくらいなら児童ポルノでマスターベーションをしても大丈夫だろう」「一度再発しても、すぐやめられるからちょっとくらいなら子どもに接触してもいいだろう」など自分の内から湧き上がってきた思考のことです。これをそのままにしておくと、それにつながる感情が呼び起こされます。そして、どんどん再発に向けて動き出すことになります。

彼らは基本的に、チャンスがあれば子どもに性加害したいのです。次にやって逮捕されたら実刑は免れないとか、家族に本当に見放されるだろうとか、再発によってもたらされる、本人にとって望ましくない結果をわかっていても、子どもに性的な接触をしたいという気持ちは消えません。

この段階は、黄信号です。思考や感情に拍車がかかると、再発に向けての動きが活発になります。

3. 渇望段階

問題行動にかなり近い状態です。〈図21〉でいうと急性トリガー、つまり行動に移す一歩手前に当たります。この段階を指して「欲求が入る」と表現する人もいます。いくつか具体例を挙げましょう。

パターン①：対象年齢：8～11歳の女児
条件１：自暴自棄になりリスクをまったく考えない。
条件２：問題行動再発のために、わざわざ理由をつけて時間を作ろうとする。
条件３：行動化しやすい場所や道路をあらかじめ見つけている。

パターン②：対象年齢：5～9歳の女児
条件１：職場での人間関係が悪化し、仕事が断れず過重労働になる。
条件２：学生時代に遭った性的いじめの記憶が突然フラッシュバックする。
条件３：劣等感のぐるぐる思考から抜け出せなくなり、「こんなことなら性加害しよう」という考えで頭が支配される。

パターン③：対象年齢：幼児・小中高生の女の子
条件１：児童ポルノ漫画を閲覧して、１日に３回という強迫的なマスターベーションに耽《ふけ》る。

条件2：仕事などで身体を酷使したことによる、疲労感と睡眠不足。
条件3：対象年齢児童の下着が見えてしまう。

パターン④：対象年齢：5歳前後の男児・女児

条件1：妻とのささいなケンカから、お互いを無視する葛藤状態が何日も続く。
条件2：夜間、用もないのに街中《まちなか》をぶらつく。
条件3：公衆トイレやショッピングモールのトイレ付近で薄着の児童と出くわす。

パターン⑤：対象年齢：スレンダーな幼児

条件1：他人から無視されたり否定的なことをいわれたりして、自分は必要ない人間だと思う。
条件2：「もう大丈夫だろう」となんの根拠もなく思い、公園など子どもが集まる場所にみずから近づく。
条件3：嫌がらないかわいい子どもと知り合い、たまたま肌が触れ合う。

トリガーを引くことで思考・感情が動き出し、それによって渇望に火が点《つ》く……といったように、ひとつの段階が次の段階を連鎖的に招きます。そしてそれは〈図22〉のように

〈図22〉大きくなり加速する渇望

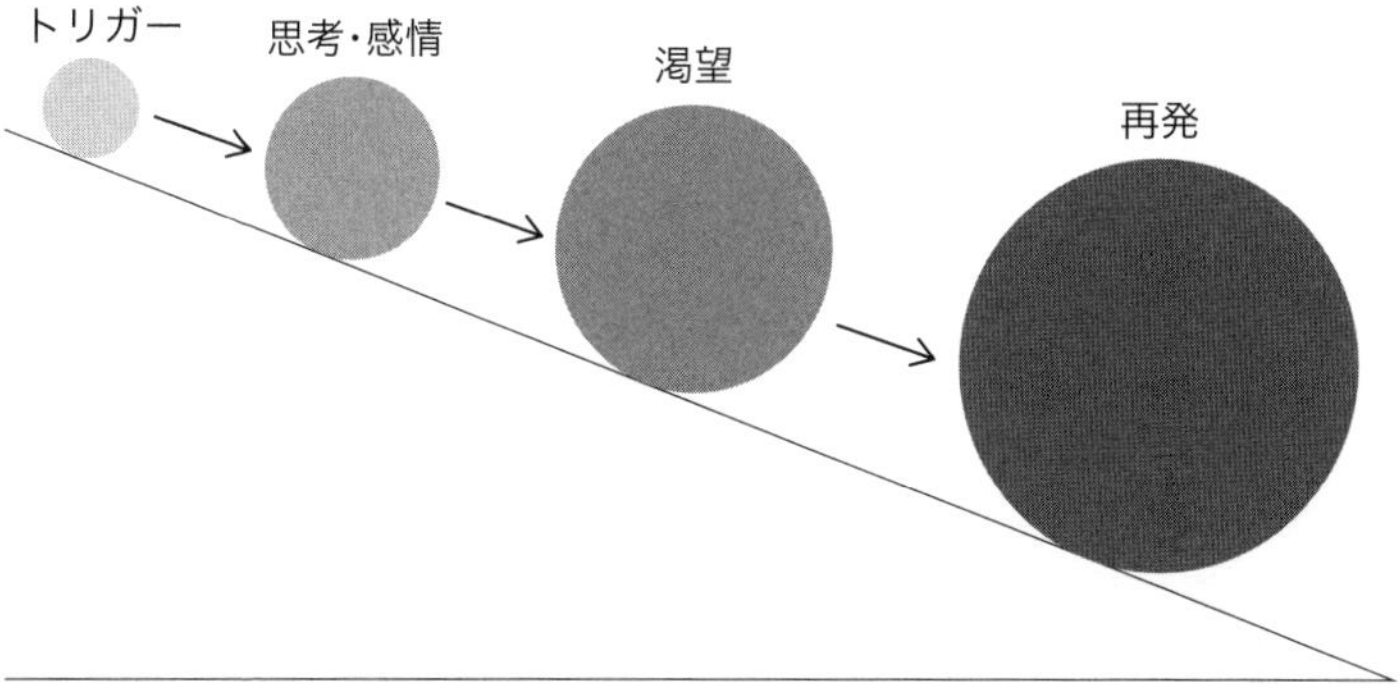

雪だるま式に大きくなり、坂道を転がるスピードも加速します。再発は、その瞬間、瞬間で起こるものでは決してなく、日常生活のさまざまな連鎖プロセスのなかで起きます。彼らは唐突に再犯するわけではないのです。ちゃんと準備期間があるのです。

だからこそ、早めに対処しなければなりません。できればトリガーが引かれた段階で、そのことを自分でしっかり把握し、対処します。ひとりでできなくても構いません。キーパーソンや、クリニックのスタッフを頼っていいのです。しかし、続けているうちに同じ方法では対処できなくなってきます。いわゆる、マンネリ化現象です。

そんなときに、同じプログラムに臨んでいる当事者同士で情報交換をすることがあります。そのときどきにブームとなる対処法もあります。トリガーが引かれたとき、口に入れるとスッとする清涼菓子を食べるとか、輪ゴムを持ち歩いていて手の甲を弾くとか……ちょっとしたことではありますが、五感を刺激するものは効き目があります。

普遍的に実施されているのはイヤホンをつけて音楽を聴くという対処法で、これは痴漢や盗撮で通院している者らもよく使っています。人間は逃げようとするときに聴覚がふさがれていると、とっさに動けません。性加害行為はバレたときにどう逃げるかも想定したうえで対象行為に及びますから、イヤホンで音楽を聴くのは「すぐ」「いつでも」「どこでも」できる対処法なのです。何を選ぶにしても、この「すぐ」「いつでも」「どこでも」がポイントです。

また、「MCC法ワークシート」といって認知の歪みを洗い出し、見直すシートを随時、利用します。〈図23〉にあるようにその者のなかに強く根付いている認知をひとつ挙げ、それは本当に正しいのかをスタッフとともに検証し、書き込みます。「いままで自分に見えていた現実は、歪んだ認知に基づいたものだった！」と一度気づいても、すぐに引き戻されてしまいます。それだけ歪みが強固なのです。

書きっぱなしではなく、記入したシートをもとにスタッフと面談したり、グループミーティングで話し合ったりします。何度も何度も、しつこいくらいに見直さないと認知は修

〈図23〉MCC法ワークシート

平成　年　月　日

司法サポートプログラム課題

認知の歪みにチャレンジする！！

（MCC法ワークシート）

M：自分の考えをモニターし問題行動につながりやすい「認知の歪み」に焦点をあてる

C：その「認知の歪み」にチャレンジしよう！！

①　このことが正しい考えだという事実や根拠は？ ⇒
②　この考えに反する事実や根拠は？ ⇒
③　この考えを信じることのメリットは？ ⇒
④　この考えを信じることのデメリットは？ ⇒
⑤　このように考えていることは、再犯のリスクを高めたりしないだろうか？ ⇒
⑥　こう考えることで誰かを傷つけたりしないだろうか？ ⇒
⑦　こう考えることは、いい気分をもたらすだろうか、悪い気分をもたらすだろうか？ ⇒
⑧　こう考えることが、後になって問題行動を引き起こしたりしないだろうか？ ⇒
⑨　もし他に認知の歪みを持っているとしたら、どんな認知の歪みだろうか？ ⇒
⑩　その状況で、他の人はどう考え、どう行動するだろうか？ ⇒
⑪　もし仲間がそのような考えを持っていたらなんと声をかけるだろうか？ ⇒

C：「認知の歪み」を検証した結果、どのように対処・修正していくか

正されないのです。思考の習慣を変える場合も、行動の習慣を変える手法と同じ、反復練習あるのみです。

語りにくいからこそ、語れる場を

もうひとつ、回復に欠かせないのがグループミーティングです。共通の問題を抱え、同じ罪を犯した者たち同士が仲間として集まり、体験談を正直に分かち合うセッションです。仲間は自分の鏡にもなれば、支えにもなります。

もともとは性依存症グループ全体でミーティングをしていました。しかし、現在は子どもに性加害した経験がある者たちだけで行うことにしています。というのも、先述したように子どもに性加害した者たちと、成人に性加害をした者たちとでは、ミーティングをする以前に大きな壁があるからです。

グループミーティングは、自分に正直になって向き合う場です。まずは「自分の問題行動は痴漢です」のように自己紹介していくのですが、子どもへの性加害経験者はこの段階でつまずきます。どんな視線が向けられるかわかっているから、自分のしたことを明らかにできないのです。「自分の問題行動は若い女性への……」とあいまいな自己紹介をすることはありますが、これでは何のことかわかりません。正直になることを目的として来ているのに肝心なことを隠すような発言をすれば、ほかの参加者に対してそれ以上の自己開示ができなくなります。やっとのことで「子どもに強制わいせつをしました」と語れたはいいものの、そのままクリニックに来なくなった者はこれまでに何人もいました。

子どもへの性暴力の〝語りにくさ〟は群を抜いています。そこで2018年から小児性愛障害の治療で通う者だけ、SAGと分けてミーティングを行うことにしたのです。そこにいるのは自分と同じ性嗜好を持ち、問題行動をくり返してきた者だけです。なかなか本当の話ができなかった者同士が、そこに集まりました。

その結果、やっと再発防止に向けての大事な一歩を踏み出せる者たちが出てきました。小児性愛障害の者らだけで集まったからといってすぐに自己開示できるわけではなく、人によっては時間がかかりますが、それでも「自分だけが異質である」という意識で閉じこもることはなくなります。ある参加者は、最大の警告のサインである「トイレで生理用品などの汚物を漁る」「子どもが用を足した後の排泄物を集める」という話を正直に打ち明けました。聞く人に嫌悪されることは彼もよくわかっており、だからこそこれまでは一度も口にできなかったのです。これを機に、彼の表情は明らかに変化していきました。

ミーティングで話し合われる内容は、多岐にわたります。話題になっている事件をもとにして自分たちのことを話し合うこともあれば、児童ポルノや児童型セックスドールは再犯防止につながるか、再犯の引き金になるかといったことを、自分たちの体験を通して活発にディスカッションすることもあります。児童ポルノや児童型セックスドールの使用については、彼らは満場一致で「再犯につながる」と答えました。彼らの体験談には必ずといっていいほど児童ポルノ所持に関するエピソードが出てきます。問題行動との密接な関係は無視できないでしょう。

グループミーティングの肝は、「自分のライフストーリーを言語化して仲間と共有し、共通点を探す」ところにあります。人に話して聞かせる前には、必ず自分のなかで整理しなければなりません。そこには内省があり、気づきもあります。彼らがこれまでしてきたことは、欲望や衝動のまま自分より弱い者に性加害をくり返すことでした。言語化するというのは、それの対極にある行為です。自分がしたことの意味、何が自分をそうさせていたかなどを顧みつつ、自分自身を客観視する術を少しずつ身につけていきます。

大事なのは、ほかの人が話したことを否定せず受け止めることです。参加者の話には、認知の歪みが表れていることが多くあります。本音で語っているので、知らないところで出てしまうのです。でもそんなときに、ほかの参加者もスタッフもそれを否定したり、頭ごなしに責めたりすることはありません。どんな発言でも否定も肯定もせず受け止めるのが、ミーティングのルールです。そのうえで、プログラムにより長く参加している者から、「自分も以前はそういう考えを持っていた」「でも、それは現実を歪めて見ているのだと気づいた」という話が出ることがあります。私たちスタッフが正解を与えるよりもよほど本人の理解につながります。

グループミーティングではこのように、〝先ゆく仲間〟といって、自分より先にプログラムに参加し、一歩先に回復の道を歩み始めている仲間の存在が大きく作用します。ロールモデルを得ることで、再発しない日を積み重ねている人が現実にいると実感でき、心の支えになります。回復のイメージを描きやすくなるのです。

スタッフから「それは違う」「こうしたほうがいい」と指導するのはいつでも簡単にできます。彼らも素直に耳を傾けてくれます。しかしそれは、キャンパスに長期間かけて何度も何度も塗り重ねられた油絵の具のうえに、水彩絵の具を筆でさっとひと塗りした程度のものです。分厚く固まった油絵の具の色にはほとんど影響せず、彼らの身になりにくいと感じます。これまでの認知の歪みを手放し、新しい認知を獲得していくには、最終的には自分で気づくしかないのです。

他者からの無理解は孤立感やストレスを増大させ、それは再発のリスク要因となります。グループミーティングは、それを覆すためのアプローチでもあります。これまでひた隠しにしてきた秘密を分かち合い、お互い気づきを得たり助言をし合ったりする参加者同士は仲間になります。リスクが高まったとき、「再発したら仲間にどう思われるだろう」「もうミーティングで合わせる顔がなくなるな」と思うことが、ストッパーになります。人間関係をうまく築けず、受刑経験があればなおさら孤立する傾向が強い彼らだけに、仲間のつながりや存在は非常に重要です。

子どもへの性加害のグループをほかの性依存症のグループから独立させてしばらくしたとき、参加者から「話せる場所を作ってくれてとても感謝しています」と言われました。これまで疎外感や孤立感を抱えてドロップアウトした者が多かったので、これからは継続して治療に臨む者が増えるのではないかと期待しています。２０１９年8月末現在、プログラムを立ち上げて1年以上経過しましたが、対象者のうち再犯し、中断した者は1名だけです。

家族も苦しんでいる

クリニックでは、性犯罪の治療グループに通う者らの家族を対象にした「加害者家族支援グループ（ＳＦＧ：Sexual Addiction Family Group-meeting）」というプログラムがあります。家族からのサポートがあれば治療定着率が上がる傾向にあり、それは彼らの回復によい影響を与えます。

そのためには、家族自身もそのグループで回復する必要があります。あらゆる性暴力のなかで子どもに加害する者がとりわけ白眼視されるのと同様、その家族にも厳しい目が向けられます。「育て方が悪かったのではないか」「親が気づいていなかったはずはない」「妻が夫の性欲を満たさなかったからこんなことに」――いずれも、なんのエビデンスもないただの偏見でしかありません。重大事件の容疑者が特定されると、その親にメディアからの取材が殺到するというのはテレビではおなじみの光景です。親が責任を取って仕事を辞めたり、引っ越したりといった例をたくさん見てきました。兄弟の就職、結婚が取り消されることもあります。また親が犯罪者となった場合、子どもがいじめられたり、進学、就職、結婚などに支障をきたしたりすることも危惧《きぐ》されます。

未成年の子どもであればまた話は別ですが、本人が犯した罪と親とは、本来は無関係です。第2章で、小児性愛障害と診断される者たちには機能不全家庭に育った者が多いとお話ししましたが、それでも親と彼らの犯罪には直接の因果関係はないのです。

親と子は、基本的に別個の人間です。まして子どもへの性加害は、社会のなかで身につけてきた価値観と大きく結びついています。普通、子は親に自分の性嗜好を明らかにしません。それについては、みなさんも同様だと思います。自分の子がどういうポルノを見ているかなんて、知らなくて当然でしょう。

また妻が性的に満足させられなかったから夫が子どもに性加害をしたというのは、ひどい言いがかりであり、妻に対するセクハラでもあります。にもかかわらず、裁判などで妻が情状証人として出廷した際、そのような発言で妻を詰《なじ》る検察官や裁判官がいまだにいるといいますから呆《あき》れます。

しかし、そんなふうに直接的な言葉を投げつけられなくても、家族たちは自分で自分を責めます。「なぜ気づかなかったのか」「未然に防げたのではないか」と悔みながら、しかし一方で子どもに加害した夫、息子への嫌悪感、許せない気持ちを抱えます。加害者のなかには、被害者と同世代の娘を持つ父親もいます。この板挟み状態を〝ダブルバインド〟といい、相反する心の動きにたいていの人は疲弊しきってしまいます。また、裁判費用や慰謝料の支払いによって経済的にも厳しい状況に追い詰められます。

欧米では、加害者家族を〝hidden victim（隠れた被害者）〟と呼んで支援の対象と見なします。日本でも支援団体などはありますが、加害者家族は排除される傾向がいまだに強いといえます。家族が安全を守りながら心穏やかに生きられる社会とはいえません。

そこで家族支援グループでは、同じ境遇の家族同士で体験や気持ちを共有し、家族のなかでも〝先ゆく仲間〟を見て回復へのイメージを描きます。罪を犯した夫や息子をサポートしていくにしても、同時に自分の人生を大切に生きていいのだと気づきます。加害した本人らがミーティングでやっている内容と共通するところも多々あります。妻の会、母親の会、父親の会と分けているのは、それぞれ抱えている問題や解決したい悩みが少しずつ異なるからです。

とはいえ、子どもに性加害をした者たちの家族は、あまり家族支援グループには参加しません。家族も「息子が子どもにわいせつ行為をした」「夫が児童ポルノを所持していました」とは輪をかけていいにくいようです。やはり家族もほかの性犯罪とは違うと感じていることがわかります。

家族の誰かが家族支援グループにつながっていると、本人が治療をドロップアウトしにくいということもわかっています。子どもに性加害をした者らの家族が通いやすくなるにはどうすればいいか。これは今後、私たちが取り組んでいかなければならない課題です。

〝やめ続ける〟むずかしさ

歪んだ認知でもって現実や、現実にいる子どもを見なくなる。欲求をコントロールして、加害行為を未然に食い止められる……ここに至るまでには何年もかかります。せっかく根気強く続けていたのに、「もう大丈夫」と思って通院をやめたら、時を置かずして再犯してしまった……というケースをこれまでいくつも見てきました。

「最近、〇〇さんの顔を見ない」と思ってほどなくすると、警察から「強制わいせつの容疑で逮捕された〇〇という者が、こちらに通っていたそうだが」と照会がある、というのがひとつのパターンです。何年もやめていたとしても、再発してしまえばこれまでの道のりが一瞬にして無になります。

再発しない日々を積み上げるなかには、苦しさもあります。彼らが執着している行為は他者の尊厳を傷つける犯罪行為ですが、それでも慣れ親しんだ世界を手放すのは辛いものです。特に気をつけたいのは就労のタイミングです。初診時のリスクアセスメントでハイリスク群に振り分けられ、毎日クリニックに通い長期間プログラムを受講していた者でも、いずれは就職するときがきます。経済的な不安を常に抱えている者もいるので、私たちも就労自体に反対はできませんが、通院の回数が極端に減る、住環境や行動範囲、人間関係に大きな変化がある、慣れない仕事でストレスがたまるとなると、人によってはリスクが一気に跳ね上がります。

また、執行猶予判決が出た者であれば、執行猶予期間が切れるタイミングも、それに当たります。それまで「いまやってしまえば、実刑は免れない」というのが心の重石《おもし》になっていました。「それまでは絶対に再発できない」という目標が強くあります。本来なら生涯を通じて再発防止に取り組むことが彼らにとって責任を果たすことになるので、一見正しいようでこの考えには歪みが見られます。が、〝その日〟が彼らのなかで大きな意味を持っていることはたしかです。

執行猶予期間が終わりに近づくと、クリニックから足が遠のき、キーパーソンに嘘をつくようになる者がいます。本人が再発に向けての準備を着々と整え始めているのです。誰もが「自分だけは大丈夫」「絶対に再犯しない」と思いがちですが、そうして自信を持つこと自体が、〝やめ続ける〟むずかしさを理解していないことを示しています。

それ以外にも離婚が決まったり家族とトラブルが起きたりといったタイミングで、揺り戻しがあります。それが悪いという意味ではなく、揺り戻しはあって当然。そのときにどう対処し、どう関係の再構築をしていくのかを考えておくことが、ＲＭＰなのです。少なくともクリニックには通い続けてほしい。そこにはやめ続けようとする仲間がいます。彼らの姿から、感じ取ってほしいのです。

この性犯罪及び性依存症グループのプログラム開始から現在まで、最も長くプログラムを継続させているのは、10年を超えた2名です。彼らに長期間通院する意味を訊いたところ、偶然どちらからも同じ答えが返ってきました。それは「忘れないため」です。依存症は忘却の病であるといわれているため、まさに本質をついた返答だと私は感じました。

彼らを見ていて回復が進んでいると感じるのは、発言や態度に謙虚さが見え始めたときです。もともとコミュニケーションを取ることを苦手としていた彼らです。その生きづらさを弱い者への加害行為で発散していたころであれば、自身の弱さを認め人の言葉に素直に耳を傾け、自分にフィードバックするということはできなかったでしょう。

そうして、内面の変化が見られるまでには早くて3年。通常は5年以上かかると見ています。

真の謝罪や贖罪の気持ちが芽生えるのは、その次の段階です。許されることを前提とするのではなく、謝罪し続けていく。二度と加害行為をしないために自分と向き合い、再発しない日々を積み重ねていく――彼らにとって贖罪とは、こうした謙虚な態度を持ち続けることを表しているのです。

第8章

支配感情――敬われたい男たち

すべての性暴力は、根底に男尊女卑的な思考パターンがあります。

男尊女卑とは、男性を尊ぶべき存在として社会の上位に置き、女性を下位に置くことです。上にいる者が下にいる者を支配する構図となり、女性は多くの不自由や不利益を強いられます。その結果として大きなひずみをはらんでいるのが、現代の日本社会です。遠い昔の話ではありません。

昨今は、男性と女性が決して平等でないことを指摘し、不平等な状況の解消や格差の是正を求めて声を上げる女性が増えています。しかし日本はあちらを向いてもこちらを向いてもこの思考パターンが蔓延《まんえん》し、多くの人にしっかりと刷り込まれているため、本来は男尊女卑の表れでありながら、そうとは見えない物事、見過ごされている物事が多すぎるように思います。

たとえば「かわいい」という語があります。日常的によく見聞きする言葉です。誰かに対してこの言葉を使うときは基本的に、相手の愛らしさを称《たた》える意図があるでしょう。いわれた側は、悪い気がしない場合が多いと思います。しかし、かわいいという語を辞書で引くと、次のように出てきます。

1 小さいもの、弱いものなどに心引かれる気持ちを抱くさま。

㋐愛情をもって大事にしてやりたい気持ちを覚えるさま。愛すべきである。「―・い孫たち」「出来の悪い子ほど―・い」「誰だって自分の身が一番―・い」

㋑いかにも幼く、邪気のないようすで、人の心をひきつけるさま。あどけなく愛らしい。「えくぼが―・い」「―・い声」

2 ほかと比べて小さいさま。

㋐物が小さくできていて、愛らしく見えるさま。「腰を掛けたら壊れてしまいそうな―・い椅子《いす》」

㋑物事の規模が小さいさま。程度が軽いさま。ややあざけりの意を込めていう。「校内で威張っているだけだから、まだ―・いものだ」

3 無邪気で、憎めない。すれてなく、子供っぽい。「生意気だが―・いところがある」

4 かわいそうだ。ふびんである。

「ｋａｗａｉｉ」はいまや世界に広まった単語で、純粋に愛すべき点を称えるために使っている人も多いでしょう。そして言葉の意味というのはそもそも文脈によっても違ってくるものですが、元来は、自分より弱く小さいものに対する言葉だということです。

たしかに、自分より目上の人にかわいいという言葉は通常は使いません。上司が何かしら罪のない失敗をしたときなどに「○○さんもかわいいところあるよね」ということはあるでしょうが、これもその人の優れた部分を指して言っているわけではないと思います。「小さい」「弱い」というのは決して「劣っている」「程度が低い」ということを意味しませんが、少なくとも自分より「優れている」「程度が高い」ものに対して「かわいい」と言わないことは明らかです。

なぜこんなことを考えるかというと、子どもを性対象としてきた加害経験者らは、実によくこの語を口にするからです。彼らは、

「子どもというのは、見ているだけでかわいい」

「かわいくてしょうがないから、ついこんなことしてしまうんだ」

「傷つけちゃいけない、かわいい存在だから、大切に扱いました」

と口々にいいます。子どものことをどんなふうに見ているのかと尋ねたときの答えです。子どもがかわいいから、自分たちは犯行に及んだというのです。

性暴力加害者には共通して認知の歪みがありますが、子どもを「かわいい」という認知

自体は特に歪んだものではありません。私たちにとっても子どもはかわいい存在です。自分と血のつながりのある子であってもそうでなくても、あどけない姿を見ているだけであたたかいもので胸が満たされます。

だから彼らが「かわいい」というたびに、私は引っかかりを覚えていました。私たちが思う〝かわいい〟と彼らがいう〝かわいい〟は別物なのでしょうか。

〝恐れ〟と暴力

これを考えるときわかりやすいヒントとなるのが、東京大学名誉教授で社会学者の上野千鶴子氏が平成31度東京大学学部入学式に寄せた祝辞です。この年の春、大きな議論を巻き起こしたこの祝辞は、日本社会には性差別が根強く残っており、東大もまた無関係ではないことを丁寧に解き明かしたものでした。

そのなかで、女子学生が男子学生より大学の進学率が低いのは前者より後者のほうが成績が悪いからではなく、女性には高等教育が必要ないとする社会や親の性差別的な価値観に原因があるからだと指摘し、続いて次のように述べています。

　他大学との合コン（合同コンパ）で東大の男子学生はもてます。東大の女子学生からはこんな話を聞きました。「キミ、どこの大学？」と訊《き》かれたら、「東京、の、大学……」と答えるのだそうです。なぜかといえば「東大」といえば、ひかれるから、だそうです。なぜ男子学生は東大生であることに誇りが持てるのに、女子学生は答えに躊躇《ちゅうちょ》するのでしょうか。

なぜなら、男性の価値と成績のよさは一致しているのに、女性の価値と成績のよさとのあいだには、ねじれがあるからです。女子は子どものときから「かわいい」ことを期待されます。ところで「かわいい」とはどんな価値でしょうか？　愛される、選ばれる、守ってもらえる価値には、相手を絶対におびやかさないという保証が含まれています。だから女子は、自分が成績がいいことや、東大生であることを隠そうとするのです。

他大学の男子学生からすると、成績がよい東大の女子学生たちは自分たちより優位にいます。小さくて弱い、つまり「かわいい」存在ではないということです。東大の女子学生にそんな気持ちが毛頭なくとも、他大の男子学生はそれだけで自分たちの何かが脅かされていると感じる、という上野氏の指摘は、東大のみならず社会のいろいろなところに当てはまるでしょう。そして性暴力を考えるうえでも、たくさんの示唆を与えてくれます。

自分を脅かさないというのは、学生であれば成績がひとつ大きな物差しとなりますが、社会に出れば年齢、経済力、肩書など物差しがさらに増えます。男性にとって自分より優位にいる相手は脅威であり、選び、愛し、守ってあげる対象とはならない。そこには「男性たるもの、女性より劣っていてはならない」という男尊女卑に端を発する強い抑圧が確実に存在します。

この考えが危険なのは、相手は自分を脅かさないという思い込みが崩れたときです。自分より下位にいると思っていた存在が、実は対等の位置にいる、もしくは優位にいる――このことに強い危機感を覚える男性たちがいます。信じていたことが揺らぎ、自分のアイデンティティが足元から崩れていくような感覚に見舞われるのでしょうか。その感情をひと言で表すなら、「恐れ」です。

私はＤＶの加害者臨床にも長年、携わってきました。妻に暴力を振るう男性たちは、一見〝それっぽく〟は見えません。外面はやさしげで礼儀正しく、人当たりがいい。暴力とは無縁というイメージです。なのに、妻を殴ったり蹴ったり、言葉で罵《ののし》ったり、経済的に追い詰めたり、交友関係を制限して孤立させたりするのです。彼らを暴力に駆り立てるものとは、一体何なのでしょう？

それは「恐れ」である、と私は考えています。自分は妻のことを無意識のうちに下に見ていたのに、妻はそう思っていなかった。対等である、それどころか妻が自分のことを下に見ているかもしれない……。妻があからさまにそういう態度を取ったわけではなく、彼らがそう感じただけかもしれません。しかし、いったんそう感じてしまったなら、優位性によって担保されていた自尊心が揺らぎ、男性性を見失いそうになり、内面が恐れで満たされます。

そしてその恐れの感情を防衛するために、暴力によって妻を貶《おとし》め、支配し、心の安定を取り戻そうとするのです。暴力を通してみずからの恐れの感情を否認し、優位性を取り戻そうとするプロセスが、DVの本質といえます。そうやって〝男らしさ〟といわれるものが自身のなかにあることを再確認して、安心したいのです。

DVも性暴力のひとつと考えられます。この、暴力によってみずからの支配力や男らしさを取り戻すというのは、すべての性暴力に通じるものです。まさにパワーとコントロールの世界です。

クリニックに通う者や、私が拘置所や刑務所に接見に行く受刑者のなかには、残酷な事件を起こして大きく報道された者もいますが、凶悪な雰囲気はまったくといっていいほど感じられず、どちらかというとおどおどとして小心さがうかがえます。それは意外でもなんでもなく、彼らの動機の奥底には恐れや怯えがあるからです。

男尊女卑社会とは、女性が男性に忖度《そんたく》することにより、男性が敬われる社会です。そんな社会で自分は男性であるのに敬われていないとしたら、それに納得できない男性がいたとしても不思議ではありません。

自分が優位であると実感するために、劣位の存在を作る。暴力を行使すれば、それはむずかしいことではありません。女性が相手であれば〝性〟を使った暴力が、最も有効だろう……というところまで最初からはっきり自覚できている性暴力加害者はそういませんが、再犯防止のプログラムを続け回復が進むにつれ、自分の内面に何が起きて女性への加害行為に及んだのかを言語化できるようになってきます。

性暴力は、性が絡む問題です。ですから、性欲がまったく関係ないわけではありません。実際、加害者臨床では性欲を抑制するための薬物療法が重視されています。しかし、性暴力の動機を性欲だけに求めると、その本質を見誤ります。内面の問題が〝性〟のシーンで表出し、それが暴力と結びついた結果が、性暴力であるといえます。

受け入れてほしいという甘え

話を〝かわいい〟に戻しましょう。子どもをかわいいと思う気持ちは、誰しものなかにあります。何がどうかわいいのかは、ひとりひとり感じ方が異なるでしょう。しかし、子どもに性加害をする者たちが熱心にいいつのる〝かわいい〟には、共通した意味合いがあるように感じます。

それはとりもなおさず、上野氏がいうところの「相手を絶対におびやかさないという保証」です。子どもは身体が小さく、骨格や筋肉も発達していない、経済力もなければ、知識も経験もない……物理的かつ社会的に子どもが大人より優位に立てるものは、ほとんどありません。

ここで、子どもに性加害をする者たちの「内面の問題」についてあらためて考えます。機能不全家族彼らのなかに、逆境体験を持つ者が目立つことは第2章でお話ししました。自己評価が低いに育った、学校で苛烈ないじめに遭った、同年代の女性から拒絶された、自己評価が低いゆえ「自分は女性に受け入れられない」と劣等感をつのらせた……。いずれも、受け入れられて然るべき人、もしくは受け入れられたいと願った人に拒絶された経験です。誰にも認めてもらえないなかで自分自身を肯定し続けるというのは、誰にとってもむずかしいことです。

そこに追い打ちをかけるのが、男尊女卑の思考パターンです。男性である自分は本当なら社会で優位にいるべき存在なのに、それがまったく叶っていない。こんなの理不尽だ。自分だって誰かに受け入れられ、優越感を感じていたい……。強迫的なまでの思いが、マグマのように胸の内で湧き上がっていきます。

人に受け入れられたいというのは、人間の根源的な欲求だと思います。人を受け入れる、人に受け入れられるという人間関係が、社会の基盤のひとつにもなっています。受容というのは、お互いの尊重のうえに成り立つものです。しかし相手のことをまったく考えず、自分の欲求だけを一方的に押しつけるのだとしたら、必然的にその相手は自分より弱い存在になります。そこで必然的に子どもや女性が選ばれる、と考えられるのです。

クリニックに通う者らは、自身の加害行為を振り返ってよくこんなことをいいます。

「あの子は無条件に受け入れてくれた」

「あの子は自分のことをわかってくれた」

「あの子のほうから、自分を必要としてくれた」

実際には力や甘言でもって子どもを支配し、自分の欲求を一方的に子どもに押しつけただけなのですが、自身がしたことをこのように認識しているケースは多いです。

彼らは子どもとある程度の関係性を築いたうえで、加害行為に及びます。そうやって、自分のことをどこまで受け入れてもらえるのか、段階を踏んで確認しているのでしょう。そのときどきの「子どもが受け入れてくれた」という認知もまた、事実と乖離《かいり》していることはいうまでもありません。

こうした認知の歪みは治療につながることで是正されていかなければなりませんが、彼らの「無条件に受け入れられたい」「承認されたい」という強い欲求もまた、この問題を考えるうえで見過ごすことのできないポイントです。

ジェンダーギャップ・ニッポン！

性暴力には、男尊女卑社会の問題が集約しています。男性が優位でなければならないとする社会が認知の歪みを強化し、性暴力を助長しているともいえます。そしてそれがもっとも苛酷な形で表れたのが、子どもへの性加害であると考えます。

これは裏を返せば、日本社会に男性と女性は対等であるという考えが浸透し、男性が「常に優位でいなければならない」という強迫的な思い込みから解放される日がくれば、この国の性暴力は減るということです。子どもへの性加害も減るでしょう。

ここ1、2年ほどのあいだで男尊女卑やジェンダーギャップ、ミソジニーといったトピックが特にウェブ媒体やSNSで盛んに採り上げられるようになりました。私のもとにも絶えることなく取材の申し込みがあります。2019年にはタレントでエッセイストの小島慶子氏が各分野の専門家に性差に基づいたハラスメントや暴力についてインタビューをする『さよなら！ ハラスメント』（晶文社）が刊行され、私はそこで「日本は〝男尊女卑依存症社会〟である」という見解をお話ししました。

「自分が優位である」という実感が得られないと他者に暴力を振るってしまうほど、男性のアイデンティティは脆《もろ》い。それゆえ男性は生きていくために男尊女卑社会に依存し、それを躍起になって守ろうとします。男女が真に平等になれば、彼らは困るのです。

現在、男尊女卑は以前と違って露骨なものではなくなりつつあります。そこで、こんなふうに思う人たちがいます。

「男尊女卑なんて古い時代の話で、いまはそんなものなくなっているじゃないか」

「男女雇用機会均等法ができたのだって、いまから30年以上前だ」

「最近は、むしろ女性のほうが強いくらいだからねぇ」

こう思った人ほど要注意です。顔を上に向ければ自分の頭上は見えますが、顔を下に向けても自分の足の下に何があるかは見えません。自分が踏みつけているものの存在には気づかないままでいられるのです。

実態はともかく、現在の日本は建前としては男女平等を謳《うた》っている社会です。男性というだけであからさまに優遇を受けることは表向きにはなくなりましたし、女性にも男性と同じチャンスが用意されているように見えます。家庭でも、食事のときに家長である父親にだけ一品多く用意されるという現象はもうほとんど見られないでしょうし、女性は男性の後ろを〝三歩下がって歩く〟のがよい、という人もいないはずです。

いってみれば〝わかりやすい〟男尊女卑は絶滅しつつあるのです。けれど、世界経済フォーラムが毎年発表している「ジェンダーギャップ指数」の2018年版で、日本は149カ国中110位でした。例年、最下位クラスをキープしているという不名誉な状況です。

昨今は〝男性と女性は決して対等ではない〟ことを示す事象が次々と明るみに出ていま

す。2018年には、東京医科大学や順天堂大学医学部の入試で女性受験生は一律減点されていた事実が明らかになりました。共働き家庭は増加する一方なのに男性の育児休暇取得率は約6%ですし、いまだに夫婦別姓が認められていません。国会中継を見れば、ほとんどが男性議員だとわかります。

男性が優遇され女性が不利益を被るシーンが日常にあふれすぎているため、すっかり麻痺しているのだと思います。男性が履かされている下駄が透明化しているのも、その現象を後押ししているでしょう。当たり前のようにそこに存在しているものに、人は意識を向けません。男尊女卑依存症社会のほころびはすでにそこかしこに見えているのに、それに依存している人は視界に入れようとすらしない。だから、鈍感なままでいられるのです。

日本社会で男性として生きてきた人の目に映る光景と、女性として生きてきた人の目に映る光景は、大きく異なると思います。もしかすると私も、加害者臨床に携わらなければ、女性の目にこの社会がどんなふうに映っているのかを想像する機会はなかったかもしれません。仕事をするうえでも家庭生活を営むうえでも優位でいられたのは、自分が男性であるからというのも大きいのに、それを自分の力だけで勝ち取ったものと信じて疑わなかったでしょう。

日ごろから「自分は女性に対して支配的な立場でいる」と自覚している人は少ないはずです。しかし、多くの男性のなかに男尊女卑の思考パターンは確実に根づいていて、自分でも意識しないまま女性に対して支配的な態度で臨んでいます。

それはすべて社会から学び取ったものです。男尊女卑という言葉を知らないうちから、両親や祖父母の関係から、または学校教育から、さらにテレビなどのメディアから、「男性は女性より優位だ」というメッセージを受け取り、その考えに慣れ親しんでいきます。男性だけとは限りません。多くの女性にも男尊女卑の考えは刷り込まれていきます。

長い時間をかけて身につけてきた価値観をひっくり返すのはむずかしいものですが、女性たちの声を社会がこれ以上無視することはあってはならないでしょう。男性と女性とは対等であり、男性というだけで有利になる、あるいは女性というだけで不利になることがあればそれはただちに是正されるべきことであるというのは、多くの先人たちが主張してきたことですが、いまSNSなどの広がりによって、これまでにないほどの勢いで浸透しつつあるように見えます。

〝女尊男卑〟だとする認知の歪み

クリニックに通院する者は日々、〝今日一日、子どもへの性加害を再発しない日〟を積み重ねていくための方法を学んでいます。それと同時に私たちは、段階を踏んで少しずつ、その人自身の行動変容をうながしていきます。自身がした加害行為に責任を取るという視点を身につけることで、被害者への謝罪の気持ちや女性蔑視の価値観に変容が訪れます。

ここにきてやっと、男尊女卑的価値観を手放そうとするステージに到達します。それを経ない限りは、彼らのなかに再発の種が常に残っているのだと私たちは考えます。

プログラムを受けているなかで、彼らの男尊女卑的思考パターンは頻繁に顔を出します。たとえば、グループミーティングの場に女性スタッフが入ることがあります。男性スタッフと女性スタッフが対等にやり取りする様子を目にすることで、対等な人間関係の築き方を間接的に学び取ってもらうためです。

しかし、こうしたときに男性スタッフの発言だけに耳を傾け、女性スタッフの言うことは聞き流している様子の者が必ずいます。男の発言には耳を貸す価値があるけれども女の発言は聞く価値がないといった態度です。私たちはそれを見て、彼らの思考パターンの根深さを知るのです。

この問題において、子どもへの性嗜好を持っている者たちは特に変容しにくいと考えています。彼らは成人女性が「恐い」のです。自分を拒絶し、存在価値を認めてもらえない、つまり自分の立場を脅かす存在である女性たちより、自分のほうが優位に立っているとは到底思えないのです。

彼らに「日本社会は男性が優位に、女性が劣位に置かれている社会ですよ」と話しても、腑《ふ》に落ちない顔をするばかりでまったく響きません。自分たちが認識している社会とは、まったく異なるからです。むしろ女性のほうがいろいろと優遇されている、だから現在は

〃女尊男卑〃社会だと思っているくらいです。

これも認知の歪みにほかなりません。人が長年信じたくて信じてきたものを手放すというのは簡単なことではありませんが、彼らがこの考えを修正しない限り再び子どもたちが危険にさらされる可能性は十分にあり、彼ら自身も子どもに加害しない自分として社会を生きていくことができません。時間をかけてでも、男女は平等であると知り、優劣への過度なこだわりを克服していく責任があります。

そのことを治療の最初の段階で伝えても、彼らにはなかなか届かないと感じます。再発しない日を重ね、認知の歪みが少しずつ修正された後に、他者を通して、また自分から気づいて変えていくしかないのです。社会がある日突然、男尊女卑社会から脱却し男女平等社会へと移行できるわけではなく、時間をかけて変化していくのと似ています。

こうして見ると、子どもを性対象とする男性とそうでない男性とはまったく違うところに存在しているのではなく、地続きであることがわかります。

私は『男が痴漢になる理由』で「すべての男性はそのパーソナリティに〃加害者性〃が潜在している」と書きました。より正しくいうなら、「すべての〃人〃はそのパーソナリティに〃加害者性〃が潜在している」のだといえます。

内面の問題を他者、弱い者への暴力で解消しようとすること自体には、男女差はそれほどないように思います。自分より弱い者を物理的、精神的な暴力を振るうことでみずからの安心を得たいという欲求が子どもや老人への虐待という形で表れた事件は全国で、きっといまこの瞬間にも起きています。最もあってはならない結末に至ったがために報道される事件は、その氷山の一角でしかありません。

しかし女性と男性を比べると「自分より弱い者」の数には絶対的な差があります。ここでいう強い、弱いは体格や体力だけでなく、社会的、経済的なものも含みます。女性の社会進出が進んだといってもジェンダーギャップが大きな日本では、多くの女性が社会的、経済的に弱い立場にいます。それは男性のほうが圧倒的に加害者性を発動する機会が多いことを意味します。

さらに、基本的に女性は男性より性的にも弱い存在です。性を使った暴力で弱い者を虐《しいた》げたい——私は、程度の差こそあれ、性犯罪者に限らずすべての男性にこの加害者性が潜んでいるように感じます。それを実行に移すのと移さないのとのあいだには大きな隔たりがありますが、「自分はいざとなったらそうしてしまう可能性がある」ということに多くの男性はあまりに無自覚です。性暴力加害という問題における当事者性の欠如が、この問題をより深刻にしています。

すべての男性が「子どもへの性暴力なんて鬼畜がやること」と自分から遠ざけるのではなく、ときどき立ち止まって自分のなかにもそのような芽があるのではないかと問いかける必要があるということです。

特にトラブルがないときは「そんなバカな」と思われるかもしれませんが、精神的に追い詰められたときやアイデンティティが大きく揺らいだときは、わからないものです。「自分は何があっても絶対に、自分より弱い者に対して暴力的にならない」と断言する人ほど、リスクが高いと私は考えます。

「未熟＝かわいい」という価値観

もう一点、ほとんどの男性が子どもを性対象とする男性と実は地続きではないかと思われることがあります。それは、未熟で自分たちより劣っている女性をよしとする文化です。劣っているというのは年齢や社会的地位、経済力が低いという意味です。

２０１６年、10代の女性が中心のアイドルグループが歌う楽曲が物議を醸しました。

〈女の子は可愛くなきゃね　学生時代はおバカでいい〉
〈テストの点以上瞳の大きさが気になる どんなに勉強できても愛されなきゃ意味がない〉
〈女の子は恋が仕事よ ママになるまで子供でいい〉

女性の価値は〝かわいい〟〝子どもっぽい〟という点のみにあり、勉強という努力によって何かを獲得しても、〝男性から愛され〟なければ無価値であると解釈できる歌詞に、批判が殺到したのです。かわいいという言葉の意味を考えると、男性より劣っていてはじめて女性は評価されるということになります。21世紀にもなってまだこうした価値観が堂々とメディアを通して拡散されることに驚きつつ、男尊女卑依存症社会ではこうしたことが起きるのも当然だという思いもあります。

女性アイドルが歌っていますが、これは明らかに男性側が固執している価値観です。女性はかわいく、未熟で、自分たちより劣っている……つまり男性のアイデンティティを脅かさない存在でいてほしい、いえ、いるべきだという強いメッセージを、男性も女性もこうして人生の早いうちから刷り込まれるのです。

社会に出れば新しい価値観がインストールされ物差しが変わるので、女性も未熟でかわいくいることだけを求められなくなる……と思いたいところですが、実際にはこの抑圧から逃れることはむずかしいようです。成熟し、〝かわいくなくなった〟と見なされた女性が正当に評価されない風潮はいまだに残っています。

これらはすべて、日本社会では男性が成熟した女性と対等に関係を築くのを苦手としていることの表れであるように見えます。成熟した女性が実際に男性のことをどう思っているかは関係ありません。その女性から支配しやすそうな雰囲気、従順な雰囲気が感じられないというだけで、「実は馬鹿にされているんじゃないか」「拒絶されるのではないか」「自分の立場を脅かすのではないか」という不安や恐れが胸にたち込める……。そんな男性は日本社会では決して少数派ではないと感じます。

そこで女性が成熟しないこと、自分たちを脅かさない存在でい続けることを願って、若い世代に向け、かわいくなければ愛されないというメッセージを発します。男尊女卑の価値観がしっかりと組み込まれた社会構造がますます強化されていくと、それに反発するより順応したほうが生きやすいと判断して、そのように振る舞う女性の再生産も止まりません。無知を装い、男性の脅威ではないことを示し、それによって世渡りをしていきます。一時的にはそうすることにメリットがあるかもしれませんが、いずれ、それは男性にとってのみ都合のいい価値観だとわかってきます。

未熟な女性を評価し、再生産しようとする男性たちと、自分を決して脅かさない存在である子どもに「受け入れられたい」と願う小児性愛障害者らとの違いは、もしかすると紙一重でしかないのかもしれません。

小さい者、弱い者に性を受け止めさせる矛盾

こうして日本の社会を俯瞰《ふかん》してみると、子どもへの性加害が起きやすい環境が整っているのだとわかります。

そうなってしまっている背景としてさらにもうひとつ、「男性の性欲は女性によって受け止められるべきもの」、もっというと「社会によってケアされるべきもの」という強固な価値観があります。

私たちが日常生活を営むうえで、男性の性欲を喚起するものをまったく目にしないというのは、かなりむずかしいことです。ＡＶや性風俗店は長らく一大産業であり続けていますし、公共の交通機関である鉄道でも雑誌の広告として肌を大きく露出した女性のグラビアが目に入ります。

コンビニでも、長らく成人向け雑誌が販売されてきました。いまやコンビニは公共性が高い場です。そんなところで堂々と、男性の性欲だけをケアする商品が並んでいるのです。女性の身体の性的な部分が過度にデフォルメされた表紙や、扇情的かつ暴力的なキャッチコピーは、少なくとも子どもの目につくところにあっていいものではないはずですし、大人にしたって誰もが見たいものではありません。特に、そこで消費されている側の性を持つ女性たちにこれを見せることは、間接的な暴力になりえます。

２０１９年、コンビニ大手の一部が成人向け雑誌の販売中止を発表しました。それをきっかけに議論が噴出しましたが、反対派のなかには「コンビニで成人向け雑誌が買えないと、現実の女性に性加害をする者が出てくる」「ネットで雑誌を買えない高齢読者が困る」という意見がありました。

前者は、明らかに何のエビデンスもないただの脅しです。主張している本人にそのつもりはないでしょうし、現実に成人向け雑誌がコンビニから撤去されたことが性犯罪の発生数に大きく影響することはないと思われます。この声高《こわだか》な主張で彼らが気にかけているのは、自分たちの性欲を手軽に発散するための方法が奪われることだけです。実際、こうして声を上げている人のなかに、どれだけの人がコンビニで雑誌を買っていたかわかりませんが、買っていなくともその機会を奪われるのは気に入らないのです。

性欲を解消するのが悪いというわけではありません。けれど男性のそれだけが、見たくない人の心情や子どもへの悪影響よりも優先されるというのはおかしなことですし、そのために現実の女性の安全性が引き合いに出されるのは、まったくの理不尽です。

しかし日本は、「女性は男性の性を受け入れなければならない」という社会通念がとても根強い国です。これは統計に表れてくるものではないので証明がむずかしいのですが、多くの人、特に女性は肌で感じていると思います。男性は意外に思うかもしれません。自分たちにとって都合がよく、そしてすでに社会の前提となっているものに対してはあまり違和感を覚えないものなので、まったくもって自然なことです。

男性の性は受け入れられるべきものなのに、現実の女性から拒絶される。これは男性にとって、受け入れがたい事態です。

では、自分の性を拒むことなく受け入れてくれるのは誰か。自分より小さい者、弱い者ならそれが可能になる。そんな理由から、子どもに性欲解消の役割を求める者がいる――これは決して飛躍した考えではないと思いますし、実際にそう語る小児性愛障害の当事者もいます。

ここまで挙げてきたように、日本は女性にかわいさと未熟さを求める社会であり、女性に男性の性欲を引き受けさせる社会です。どちらも、女性と男性が同等であれば起こりえないことです。

こうした社会のあり方と子どもへの性加害には、直接的な因果関係はないのかもしれません。しかし、確実に地続きになっている問題であると私は考えます。多くの男性は、子どもに性加害をする者らと多くの価値観を共有しています。おのずと社会は、子どもに性加害をする者たちに寛容になります。

児童ポルノかと見紛《みまが》うものも、メディアにはあふれています。アイドルの低年齢化が危惧されるようになって久しいですが、ときおり見かける未成年の女性たちの姿はあまりに肌の露出が多くて痛々しいほどです。漫画やアニメの世界も例外ではありません。法律上は児童ポルノに認定されないとはいえ、成人男性の性的好奇心を満たす意図で制作されていることが明らかなものが、数多く出回っています。そうした世界にどっぷり浸っていると、女性はまるで男性の性欲を喚起し、性的好奇心を満たすために存在する生き物のように見えてきます。

そうした児童ポルノとは認定されない児童ポルノ的なものは、アイドルやアニメに関心のない人たちが目にする機会も少なくありません。年齢やメディアのゾーニングがないため、至るところにあふれているのです。それに違和感を覚える人も少なく、子どもを性的に消費する文化が日常の光景として存在することになります。そうした社会では、子どもを性対象とする者らも問題行動を起こしやすいし、一度罰を受けても再発しやすいと感じます。

子どもへの性加害をする者とそうでない者が地続きにある社会、それによって子どもへの加害行為が後押しされる社会を、私は「ペドフィリア傾向社会」と呼ぶことにします。

社会が変わらない限り、子どもは守れない

子どもへの性加害は、その当事者ひとりひとりを治療によって行動変容させるだけでは、なくすことができません。性に関する問題は、個人に内面化された価値観が表出した問題だと捉えることができます。さらに、社会の価値観と個人とのあいだで学習し、強化されていくものでもあります。

もし仮に、日本社会において男女が対等で、女性の成熟が重んじられ、女性は男性の性欲を受け止めるために存在しているわけではない、ということを前提とした社会であれば、

彼らは「自分の欲求を、子どもに性加害することで解消していい」とは学習しなかったはずです。

社会に存在する前提の価値観がそうだからと彼らを免責するのではありません。しかし社会が変わらなければ、彼らがこの問題を克服した後にも、日本のいたるところで小児性〝愛〟障害という病に陥る者が再生産され続けます。それは被害に遭う子どもたちを再生産することでもあります。

男女平等の実現というと壮大な話だと思われるかもしれませんが、誰もが自分より小さな者、弱い者を尊ぶことがその第一歩だと思います。そのためには、自分のなかにある加害者性と向き合う必要があります。決して楽しい作業ではないでしょう。けれどそれが、ゆくゆくは子どもを守ることにつながるのです。

〝加害しない自分〟をどのように保ち続けるか？ 子ども性加害経験者に話を訊く

いつか、子どもを殺してしまう…

斉藤　私とケンタロウさんの出会いを遡《さかのぼ》ると、もう10年近く前になりますね。ケンタロウさんは今、50代後半ですよね。

ケンタロウ　はい、僕が性的強迫症の自助グループであるSCA（Sexual Compulsives Anonymous）に参加し始めて少し経ったころのことです。榎本クリニックで斉藤さんが性の問題を抱える人のプログラム、SAG（Sexual Addiction Group-meeting）をスタートされたころですね。

斉藤　アルコールや薬物など依存症の自助グループでは、〝先ゆく仲間〟といって長くやめ続けている人から体験談を聞くというのが、大きな役割を果たします。そこでケンタロウさんにSAGで、どうやってやめ続けているのかを体験談として話してもらおうと思いました。いま、最後の問題行動からどのくらい経ちますか？

ケンタロウ　最後は、２０００年です。小学生の男の子に対する、強制わいせつ未遂で起訴されました。外でひとりで遊んでいる子に「手伝ってほしいことがある」と声をかけて人目につかないところに連れ込んだんです。用意しておいたガムテープを口に貼ってズボンを降ろしたところ、その子が思った以上に嫌がって……。結局、何もできずに解放したのですが、ひとりそこに残されたら怖くなったんですよ。このままだと自分はいつか子どもを殺してしまう、と。

斉藤　最初から、子どもを殺そうとは思っていないですよね？

ケンタロウ　思っていません。したかったのは、子どもとの性行為です。だけどもし騒がれてそれが叶わなくなるとしたら、その子を殺しても構わないとは思っていましたね。そんな自分が怖くなって、しばらく近くの路上でビールを飲んで気を落ち着かせ、その後に自首しました。裁判では初犯ということで懲役2年、執行猶予と保護観察4年という判決が出て、判決即日に釈放されました。僕にとってははじめてかつ、いまのところ最後の刑事事件です。

斉藤　そこから20年近く、問題行動をやめ続けているわけですね。それまでは子どもに加害行為をしたことはあっても、それが事件化したことはなかったということですか？

ケンタロウ　はい、最初の加害行為は家族内でした。家庭内性虐待ですね。僕が中学生のときです。被害者はまだとても幼かった。寝ているあいだに身体や性器を触っていたんですが、それを被害者は私の親にいったんです。親は僕に「この子がこういっているけど?」と訊きはしましたけど、僕が否定したらそれっきり何もいわなくなりました。その性虐待は、被害者が幼稚園児から小学校低学年になるまで続けていました。ほかには、親戚の男の子が小学生のとき、一緒に遊びながらどさくさに紛れて性器を触るなどのわいせつ行為をしました。30代のときには、ボランティアで出会った障害のある男子高校生にも、わいせつ行為を数カ月間、くり返しました。

斉藤　中学生のときから子どもへの性嗜好を自覚されていたのですね。

ケンタロウ　いま思えば、という感じですね。そのときにはっきりと自分はペドフィリアだと自覚できていたわけではないと思います。

斉藤　対象は、男子児童に限られていたんですか?

ケンタロウ　高校生のときは同級生の女の子が好きで、彼女の写真を見ながらマスターベーションをしたこともあります。自分のなかで決定的になったのは、親元を離れて下宿していた大学時代ですね。ある日、近所の書店で成人雑誌のコーナーをなんとなく見ていました。そのとき1冊のコミックが目に止まって……それが思春期前の少年を成人男性が性虐待するという内容だったんです。当時はまだそうしたものが、一般的な書店の棚にも並んでいた時代でした。「これだ!」と思いましたね。

斉藤　いわゆる児童ポルノですね。それまでも、そうしたものを見る機会はあったんですか？

ケンタロウ　いえ、はじめてでした。だから衝撃的でしたよ。これが自分の求めていたものだ、自分はこのために生きるんだ！　というのが一瞬にしてわかったという感じです。いまでも一番ときめくのは、思春期前、小学6年生くらいの男の子です。

斉藤　クリニックに通院している小児性愛障害の男性たちからも、同じような話を聞きますね。はじめて児童ポルノを見たとき「パンドラの箱が開いた！」と感じたようです。

ケンタロウ　それは大いに共感しますね。ただ僕の場合、幼い女の子がまったく対象にならないかというと、そんなことはないんです。胸が膨らんでいたり、アンダーヘアが生えていたりしたらもうダメなんですが、それ以前の子には興味がありました。当時の児童ポルノでも、12歳前後の男の子を描いたものは絶対数が少なかったんですよ。いまならインターネットですぐ見られるんでしょうけれど。思春期前なら女の子も男の子も見た目はそう変わらないので、嫌ないい方ですが、女の子を描いたコミックで妥協していたところもありました。いろいろ調べていくうちに、自分がペドフィリアといわれるものに相当するというのを知り、20歳過ぎくらいからはその自覚とともに生きてきました。

「原因」と「責任」を区別するということ

斉藤　児童ポルノについて、薬物依存症の人からこんな話を聞いたことがあります。彼は同じく薬物依存症の仲間から「児童ポルノのビデオが入ったから一緒に見よう」と誘われたそうです。彼は断ったのですが、それは「見てしまったら自分の内なるパンドラの箱が開くのではないか」「そしたら後戻りできなくなるのではないか」と考えたからだそうです。直感的に「一度見たら最後だ！」と思ったというのです。それを聞いて私は、子どもへの性嗜好は誰のなかにも潜在的に眠っていて、きっかけがあれば覚醒してしまうのだろうか？　と考えたんです。

ケンタロウ　子どもへの性嗜好は先天的なのか後天的なのかという議論は、常にありますよね。

斉藤　はい。逆にいうと先天的であっても、パンドラの箱、つまり児童ポルノを見るなど決定的なきっかけがなければ、その性嗜好はその人のなかで眠ったままなのだろうか？

ケンタロウ　あくまで素人考えなのですが、人は先天的に子どもに性的関心を持つようにできているのかなと思うことはあります。けれど生育環境や児童ポルノのようなきっかけによって、それが出てくる人もいれば、出てこない人もいるのではないかと。

斉藤　仮に先天的なものだとしても、家族や生育環境というのは社会の最小単位ですし、児童ポルノは社会のなかにあるものですから、個人が社会との関係のなかで学習し、強化し合ってパンドラの箱が開くということですね。つまり小児性愛障害は、社会のなかで学習された行動だと。

ケンタロウ　そうだと思います。僕は長いあいだ「なんで自分だけ？」と自問自答をくり返してきました。なんでこんな厄介な嗜好を持ってしまったんだろうと。でもよく考えたら、僕は子どもへの性的関心という扉を開けて、その部屋のなかをじっと見つめていたから、部屋から出られなくなったんだと思います。はじめからその部屋のなかにいたわけではないんです。

斉藤　加害者臨床においては、たとえ先天的な何かがあるにしても、そして子ども時代に性虐待を受けてその〝トラウマの再演〞として自分も子どもに性加害をするようになったのだとしても、本人も治療者も先にそこにフォーカスすると、その人の回復や更生を後退させるリスクがある、というのが通説になっています。「ああいうことがあったのなら仕方ない」という発想に陥りやすいからで、まずは加害行為を止めることが最優先事項です。そのあとに過去のトラウマをケアしていくことが、社会からも受け入れられるひとつのバランスの取れた考え方だと思うんです。

ケンタロウ　僕も同意見です。これまでいろいろ考えてきましたが、いまはひとつの結論に落ち着いています。それは、ある極悪非道なことをしてしまった人がいて、彼を裁く過程でその人が罪を犯したのは生育歴や交友関係に悪い影響を受けたからだとわかる。でもそのうえで「加害をした人には責任がある」という結論です。これは18〜19世紀の哲学者であるカントの考えを元にしたものです。

僕も子どものころに虐待を受けました。3〜4歳のころに両親がけんかをしているとき、母から「あんたのせいで、お父さんとお母さんはけんかしているのよ！」といわれて、とても傷ついていたんです。実は、僕は母の連れ子で父とは血のつながりがなかったのですが、当時はそれを知りませんでした。知ったのは、30歳前後になってからのことです。必要な書類があって取り寄せたら、僕はある人の養子になっていました。母が若いときに婚外子として僕は生まれたのですが、そのことを心配した祖母が、おそらく差別を受けるのを避けるために母の戸籍ではなく、祖母の知り合いの戸籍に長男として登録したんです。その経緯は、最終的には父が話してくれました。……という僕の生い立ちが、子どもへの性的関心に影響していないわけではないと思います。

けれどいま僕は、「原因と責任を区別する」という考えに至っています。僕の場合は養育環境に〝原因〞がある、でも子どもに声をかけて加害した〝責任〞はどこにあるかというと、その養育環境でなく僕自身にあるんです。

斉藤　加害者臨床の場では、「回復責任」という言葉を使います。小児性愛障害になってしまったこと自体にはその人に責任がないけれど、それで罪を犯したならその問題を克服する責任、これを「再発防止責任」といいますが、その責任が本人にあるという考えです。その人の病理と行為責任とをきっちり分けなければなりません。それはアルコールや薬物への依存と違って、そこに直接の被害者がいるからです。

ケンタロウ　「自分はこんなふうに育てられてしまったからしょうがない」ってことではないのだと、いまの僕は思います。責任の取り方でいうと、子どもを対象とした性犯罪では特に、加害者が出所したあとGPSを着用して居場所をわかるようにすることで再犯を防止せよ、という議論が長いあいだされていますが、もしも、多くの人が「着けるべきだ」というのなら、僕は着けます。自分にとって至上の責任は二度と加害しないことだから、そのために合理的な方法だと社会が判断したのなら従います。

斉藤　実はGPSと、法定雇用主への情報公開と、メーガン法のようにその人の居住地をネットで閲覧できることを三本柱とした防止策では、再犯率は数％しか変わらなかったといわれています。

ケンタロウ　それだけしか変わらないんですか⁉　結構な社会的コストがかかっているのに……。

斉藤　そこに治療教育が加われば、また変わってくるでしょうね。メーガン法は就労の機会や結婚の機会を奪う、つまりその人を孤立させてしまうので、再犯リスクが上がるという論文もあります。子どもへの性犯罪は、あらゆる性犯罪者のなかでも最も〝みみっちい〟ものだと思われています。見下げられ、社会から排除される。でも排除されればされるほど孤立化して、次の問題行動への引き金になっていくというパラドックスがあります。

自分を正当化するための理論武装

斉藤　先ほど高校時代の体験についてお話しされましたが、加害者臨床の場で小児性愛障害と診断された人たちと関わってきて、子どもへの性嗜好につながる思春期の体験やそれに基づく女性観について、大きくふたつに分けられると思っています。ひとつは同世代の女性から相手にされなかったり、いじめられたりといった、恋愛に対して具体的な挫折体験を持っている人。もうひとつは、容姿や性格に強いコンプレックスがあって自己卑下をするあまり、「どうせ自分なんか同世代の女性から対象にしてもらえない」と自分で決めつけてきた人。ケンタロウさんはそんな認識はありますか?

ケンタロウ　いまっぽくいうと「非モテだな、俺」という意識はありましたね。でも挫折体験というほどのものではないです。だって、普通のことじゃないですか。好きな子がいたけど、告白するまで至らなかった。だからフラれてもいない……それ以上でも以下でもないんです。普通なら次の恋愛に目が向くのですが、僕はその前にパンドラの箱を開けてしまって、以後、そっちばかりになってしまった。

僕は両性愛者《バイセクシャル》ですが、当時は自分を同性愛者だと思っていて、20代、30代のときはハッテン場といわれる、男性同性愛者が性行為をするための場所によく通っていました。そこに行くと、誰かしら相手をしてくれる人がいる……。思い返すと、やっぱりコンプレックスがあったのかなぁ。マジョリティの人、つまり異性愛《ヘテロセクシャル》の人たちが中心の世界から、なんだか外れているという感覚がありました。たとえば大学のクラスメイトたちが好きなアイドルや猥談《わいだん》で盛り上がっていても、僕は入っていけない。適当に話を合わせたりはするけど、僕の性については誰も理解してくれないだろうと、ひとりで壁を作っていました。本当の自分を隠しているという感覚がありました。

斉藤　子どもへの性嗜好を持つと、問題行動をする・しない以前にも、〝語れなさ〟があるんですね。ケンタロウさんもずっとその嗜好を、誰にもいわずにこられたのですか？

ケンタロウ　話したことはあります。１９９０年代半ば、僕が30代のとき、児童買春を目的にタイに行きました。

斉藤　いまでも行く人はいるのかもしれませんが、90年代当時は比べようもないくらい気軽に買春目的で行けたようですね。

ケンタロウ　海外で買春をするためのガイドブックなどもあったんですよ。どの国のどのエリアに行けばお店がある、とか。そのとき僕は5、6人を買ってしまいましたが、そのうち女の子は1人だけです。それまで僕は、家族や親せきにわいせつ行為をしても、性器を挿入する行為は経験がありませんでした。タイでは、それがしたかった。10代前半の男の子を買って性器を触ったり舐めたりしていたら、その子が震える声で「go home…」といったんです。お家に帰りたい、と。それ以上は何もできませんでした。帰国後、大学時代の友人に「実はこういうことをしてしまったんだ」と打ち明けました。

斉藤　そのときどんな反応が返ってきました？

ケンタロウ　否定的でしたね。「ちょっと俺には考えられない」といわれました。

斉藤　話す前から肯定的な反応は返ってこないと予想できていたと思うのですが、それでもその友人に話したのは、どのような心境だったんですか？

ケンタロウ　良心の呵責《かしゃく》があったんでしょう。タイには2度行っています。2度目は、当時交際していた成人男性のパートナーとです。エイズの学会に一緒に参加するのが第一の目的だったのですが、そのときはカップルで10代の子を買春しました。子どもが性対象であることを、パートナーにはその少し前にカミングアウトしていたんです。ショックを受けていましたね。彼とは、「ゲイリブ」といわれる、同性愛者の解放運動をするなかで出会いました。

斉藤　当時はまだLGBTという語も一般的ではありませんでしたね。

ケンタロウ　そうなんです、当時の活動の意義は大きかったと思うのですが、僕のなかにはもうひとつ目的がありました。男児小児性愛の正当化です。ご存じのように、同性愛もわりと最近までは精神異常のひとつに数えられていましたが、先人たちの運動の結果、だいぶ修正されてきました。「だったら男児小児性愛も同じじゃないか」というのが、当時の僕の理屈です。かつて異常と見なされ、排除された同性愛も、社会が変われば正当な権利として認められる。まずは同性愛が解放されていけば、男児小児性愛も解放されていくはずだ、と理論武装していたんです。

斉藤　同じようなことを語る当事者は、クリニックの通院者にもいますね。どちらも権利だ、という主張です。私たちはもちろん、巧妙な認知の歪みだと捉えています。

ケンタロウ　はい、これについては僕も大いに反省しています。僕はゲイリブの活動を、自分の嗜好を正当化するために利用したんです。まさに同性愛と小児性愛を混同するような考えがあることの実証例を、僕が与えちゃっていたようなもんです。

斉藤　それは、いま振り返ってはじめてそう感じることですか？　それとも当時から自分を客観的に見て「自分が本当に求めているのは、こういうことだ」と思っていましたか？

ケンタロウ　当時から、ある種の客観性は持っていたと思いますね。でもその客観性の使い方を間違っていた。自己正当化するためばかりに使っていたと思います。

自暴自棄になったときの自分をどう抑えるか

斉藤　認知の歪みといえば、私がこれまで向き合ってきた小児性愛障害者なかには〝純愛〟を語る者が少なくありませんでした。対象の年齢がたまたま低いだけで、自分たちは純粋な愛情で結ばれた関係なんだというのです。この歪みを解くのは、なかなかむずかしい……。

ケンタロウ　幸か不幸か、僕にはその認知はないですね。ただただ肉体的な接触を求めるタイプで、子どもと交際したいと思ったこともないです。その人が本当に恋愛感情を持っているのだとして、恋心や嗜好はたしかに縛れませんね。でも、子どもに性加害をする人間は、自分のしたことを正当化するためにありとあらゆるものを使います。これは僕が再犯防止のための方法を学んだからわかることだと思うのですが。彼らも、自分を正当化したいだけなんです。そうした歪みを排除していくのは、僕のなかでもとても重要でした。

斉藤　たしかに性嗜好は縛れませんよね。極論、行動化しなければいいという話です。それがいったい何によって一線を越えてしまうのか。何によって現実の加害行為に後押しされるのか。ケンタロウさんはどんなときに現実に性加害していたのでしょうか？

ケンタロウ　特にこれといったものがないときでも、加害はしていました。できるときにやっていた、という感じです。僕の場合は、目当ての男の子を探すために特定のところに行くというのもないんです。すごく酔っ払っているときに東京の大きなターミナル駅を歩いていたら、そこに小学生の男の子がいたのでお尻を触ってしまったことがあります。

斉藤　たまたま行動化できる環境が整っていたときに実行する、ということでしょうか。

ケンタロウ　そうかもしれませんが、無意識のうちにそういう子がいないか探索していたというのもあると思います。そのときに誰もいなければいいんですが、見つけてしまえば加害に至る。先ほど、ボランティアで働いていた先で障害のある男子高校生に加害行為をしたとお話ししましたよね。そこの求人を見たときは「この仕事なら自分にもできそうだ」と思って応募したのですが、もしかしたら男の子がいて性的接触ができるかもしれない……と潜在意識では考えていたのかもしれません。自分でもいまひとつ分析できていないのですが。実際、そこで思春期の男の子と接するようになって欲求が高まり、あるときからガムテープを用意して持ち歩くようになりました。チャンスをうかがっていたんですね。

斉藤　もともと子どもへの性嗜好を自覚していながら、子どもに接する職業を選ぶというケースは実に多いですね。

ケンタロウ　でも一方で、ものすごく追い詰められて加害行為に至ったことが2度あります。最初はタイに行ったときのことです。当時、仕事でつまずいて何もかもが嫌になっていました。そのとき「すべてを投げ出すとしたら、お前はその前に何をしたい？」と自問したら、答えは「男の子を抱きたい」でした。それでタイで子ども買春をしました。2度目は、僕にとっての最後の犯行。人目がつかない場所に男の子を連れ込んだときのことです。似たような状況に陥っていました。

斉藤　自暴自棄になったとき「自死か、性暴力か」と自問自答して後者を選ぶというのは、子どもに対してだけでなく性加害をした者たちからよく聞くエピソードです。自死か他害行為か、ということですね。ケンタロウさんもそのとき希死念慮、死にたいという願望はあったのですか。

ケンタロウ　実はそのあとも、一度、再発の危機がありました。勤務先で耐えがたいことがあって……叱責されたりとかプレッシャーがある仕事を任されたりとか、社会人として働くうえで当たり前のようなことだったのですが、僕には耐えられなかったんです。そこでお酒を飲んでしまいました。

斉藤　ケンタロウさんはもともとアルコール依存症がありますよね。

ケンタロウ　はい、飲まない日々を続けられていたのに、そこで再飲酒しました。仕事も投げ出して九州までいきました。加害しようとカッターナイフやガムテープを用意し、レンタカーを借りて車を走らせ、ひとりで歩いている小学生の男の子を探しました。最後の犯行のときと同じ状態です。なんとか、それを捨てることができて性加害は自力で食い止められたんですが、あとには自死願望だけが残りました。どこで死のうかと考えているうちに疲れ果ててしまって。そのあとで「僕は本当に死にたいわけじゃない」「いま生きることにどうにもならなくなってるだけなんだ」「だから死ぬ必要ないんだ」と気づいたので、自死は思いとどまりました。

斉藤　いまのお話を聞いていると、自暴自棄になっているときの加害行為は、カッターナイフやガムテープを用意したり「騒がれたら殺しても構わない」と思ったり、よりサディスティックで暴力性が高いことを考えているように見えます。

ケンタロウ　僕の場合は相手が苦痛を味わっているのを見るのが快楽につながるんですね。児童ポルノでも、子どもをサディスティックに加害する内容のものをよく見ていました。そうした世界では、殺すことも快楽になるんですよ。ただ、そのときは自死願望もあったから、道連れにしたい気持ちがあったのかもしれませんね。

同じ問題を持つ者同士がつながれる場所を

斉藤　ケンタロウさんは、まずアルコールの問題で治療につながったんですよね？

ケンタロウ　はい、僕はいま4つのアディクション問題を自覚しています。性の問題とアルコールの問題、お金の問題、そして食べ物の問題です。食べ物の問題というのは、いわゆる摂食障害です。僕の場合、食べ吐きはしないで過食します。アルコール依存症の人がストレスをお酒で紛らわすように、甘いもので紛らわしちゃう。そうすると体重が増える。糖尿病でもあるので、命の危険があります。お金の問題というのは、借金と浪費ですね。それぞれ自助グループに通ってきましたが、まずはアルコールでしたね。

斉藤　何かきっかけはあったんですか？

ケンタロウ　アルコールに関してはずっと問題を抱えていて、仕事にも支障をきたしていたのですが、最後の犯行で自首する前年に重い抑うつ状態になり、精神科を受診してやっとアルコール依存症の診断が出たんです。そこで、自助グループに通うようになりました。それについては少しほっとしたのですが、自分のなかでは性の問題も大きくて、これ以上は無視できなくなっていました。最後の事件で自首して勾留されているとき、弁護士さんを通じて見せてもらった依存症関係の雑誌で、性加害行動の再犯防止について依存症という側面から書かれている論文を見て、はじめてこの問題について希望を持てたんです。これでやめられるかもしれない！　と。

斉藤　実刑判決は出なかったものの、はじめての刑事裁判を経て、これで自分は問題行動をやめられるとは思わなかったんですか？

ケンタロウ　やめられると思わなかったし、そう思わなくて本当によかったです。判決即日に釈放されたのですが、そのときには胸にふたつの思いがありました。自分のしてしまったことを罪深いと感じていたので「こんな判決でいいのか」というのと、もうひとつは刑務所という特殊な社会のなかで自分がうまくやっていけるとは思えなかったのでほっとするのと……。でも子どもを性対象とすること自体に関してはどうしていいかわからなかった。その雑誌を見るまではほかの依存症と同じく回復できるということも知らなかったので、ペドフィリアという部屋のなかをずっとぐるぐる回っていたような感じです。

斉藤　受刑者でも同じように感じる者は多いですね。「出所したらまた絶対にやってしまう」と。そんな状態で釈放されるのは、社会にとってよくないですし、本人も苦しいでしょう。

ケンタロウ　ＳＡ（Sexholics Anonymous）を経て、その後、性的強迫症の自助グループ・ＳＣＡにたどり着けたのは本当によかったと思います。そこでは自分なりの〝性的シラフ〟を定義できるんですよ。

斉藤　アルコールに酔っていない、正常な状態のことを素面《シラフ》といいますが、性的シラフとは、性を依存の対象とせず問題も起こさない状態をいいますね。マスターベーションも含め、性的行為を一切しないという定義するところもあるようですが。

ケンタロウ　はい。ＳＣＡでは、１日に何回以上のマスターベーションは再発《スリップ》と見なすとか、こういう関係性であれば人と性交渉をするのはセーフだとか、自分で決めたルールを守っていくようにしましょうというスタイルで、自分に合っていると感じたので続けることにしました。でも、当時はまだＳＣＡが起ち上がったばかりだったのでスポンサーがいなかったんですよ。

斉藤　スポンサーというのは、依存症の自助グループではつきものの、〝先ゆく仲間〟のことですね。その人に〝過去の棚卸し〟といって、自分がその依存症とともに生きてきた道のりを聞いてもらいます。

ケンタロウ　スポンサーには、性加害したことも含め、性の問題についても聞いてもらいました。ところがスタートしたばかりの日本のＳＣＡではスポンサーがいなかった。だからアメリカの人にメールで自分の問題をすべて話したうえで、スポンサーになってもらったこともあります。

斉藤　依存症は一般的に、そのことについて仲間のなかで正直にカミングアウトすることがその人の回復につながるとされています。しかし子どもを性対象にする人、子どもに加害行為をした人はなかなかそのことをいえないという状況にある思いますが、ケンタロウさんはいかがですか？

ケンタロウ　一部の人は知っている、だけど公式にカミングアウトはしてないという状態ですね。その場に、性虐待の被害当事者が含まれているかもしれないので、そうすると僕のカミングアウトが、セカンドレイプになってしまいますから。

斉藤　これがアルコールの問題であれば自助グループ内でも外でも、「アルコール依存症の〇〇です」ではなく、「アルコール依存症から回復した〇〇です」「元アルコール依存症の〇〇です」という自己紹介ができます。アメリカなどでは、そういういい方が定着しているようです。でも、性加害の問題では〝元〟とつけていいのかどうか、もっと議論が必要だと思います。

ケンタロウ　いま自分に一番しっくり来てるのは「子ども性加害経験者のケンタロウです」という名乗り方ですね。「子ども性加害者のケンタロウ」ではなくて。

斉藤　なるほど、〝いまはしていない〟というニュアンスも伝わりますね。依存症の側面もある性の問題を抱えた人たちは、自分の体験や内面を正直に語り、〝今日一日の性的シラフ〟を実現していくことでしか回復できないのですが、社会的な偏見やスティグマが最も強い問題なのでそれが実現しにくいと感じます。逆説的ではあるのですが、そうして語れる場を作ること、同じ問題を持つ者同士がつながれる場が存在することが、子どもへの性的嗜好の問題で困ってる人にとっては重要だと思うんです。

ケンタロウ　ペドフィリアに特化した自助グループを起ち上げようと考えたことがあります。構想レベルだったので、実現はしていませんが。あるいはSCAのなかで該当する者だけを集めたミーティングをするとか。SCAにも子ども性加害経験者が来ないわけではないですが、来ては去り、来ては去りといった状態ですね。

斉藤　クリニックでも、小児性愛障害専門のグループを起ち上げるまではそんな状態でした。

ケンタロウ　性のグループのなかでも孤立しやすいですよね。だからこそ、グループに参加してくれる人がいると、すごくうれしいです。

斉藤　再犯防止を考えるうえでも、語れる場が必要ですね。衝動性と言語化は対極にあると思います。クリニックでもグループの回数を増やすことを検討していきたいと思います。今日はどうもありがとうございました。

ケンタロウ　こんなふうに、自助グループ以外にも語る場があるとなおいいですよね。こちらこそありがとうございました。

２０１９年春　都内にて収録

として塾講師の男性（68）が逮捕。講師がマンツーマンで授業をする個別指導の形式をとっておりその指導中に犯行に及んでいた。

福井県でSNSを通じて知り合った男子児童を車に連れ込み、性的暴行をしたとしてNPO法人役員の男性（37）と児童養護施設職員の男性（26）が、わいせつ誘拐と強制性交の疑いで逮捕される。

2022年

愛媛県で勤務していた幼稚園や通園バスの車内で、6人の女児の体を触ったほか、11人の女児の下着などを撮影したとして、強制わいせつと県迷惑行為防止条例違反の罪に問われた男性（24）が逮捕される。

埼玉県で中学生以下の女子生徒の体を触るなどした住居侵入、準強制わいせつ、児童買春・ポルノ禁止法違反（製造）の疑いで男性（34）が逮捕される。自身の携帯電話で女児を動画撮影した上、パソコンに動画を保存した。逮捕は3度目。

2023年

千葉県で市議会議員の男性（55）が自ら館長を務める図書施設内で小学生の女の子にキスをするなどしたとして強制わいせつの疑いで逮捕。調べに対し「あいさつくらいの気持ちだった」としながら容疑を認めている。

福井県で小学校教諭の男性（59）が校内で女児の体を触るなどした強制わいせつの容疑で逮捕される。前年に女児から学校に相談があったが、学校はこの事実を市の教育委員会に報告せず口頭注意だけで済ませた。

静岡県で元保育士の男性（29）が園児18人にわいせつな行為をした罪で懲役5年6ヵ月の判決。元保育士は性的欲求を満たすために保育士資格を取得、勤務2日目から犯行に着手したと供述。まだ犯行に及んでいない小児を名簿で管理していたという。

大手芸能事務所の元社長、ジャニー喜多川氏（故人）が約50年にわたって所属タレントの少年たちに性的加害を行っていたことが明るみに出て現社長が謝罪。複数の被害者が声を上げ始めた。絶大な権力を振りかざし少年たちを餌食にしてきたと報道されているが、これまで摘発されてこなかったことで、マスコミのあり方も問われている。

＊この項はp294よりお読み下さい。

福島県で無職の男性（20）が下校途中の小学6年生の女児の体を触るなど性的暴行を加えたとして逮捕される。女児の家族から警察に被害届が出されて捜査が行われていた。

東京都で、私立高校の教諭の男性（30）が、区立公園にある公衆トイレの女性用個室内で、小学校６年生の女児に対し、かくれんぼをしようと誘い、わいせつ行為に及んだとして逮捕される。進路相談のストレスが原因と供述している。

兵庫県で、林間学校の引率教員として同行していた小学校教諭の男性（32）が、就寝中の小学校５年の女子児童4人にわいせつ行為をしたとして逮捕される。

三重県で、会社員の男性（46）が、ショッピングセンターのトイレの個室に５歳の男児を連れ込み、わいせつな行為をしたとして強制性交の疑いで逮捕される。

大阪府で、小学校の教諭の男性（35）が、教え子の男児11人の下半身を触り、その様子を撮影したとして強制わいせつ、児童買春、ポルノ禁止法違反などで懲役10年を言い渡される。認定されたわいせつ行為は約50件に上った。

2020年

大阪府の小学校講師の男性（29）が学校内の部屋に児童を呼び出しいたずらしたとして強制わいせつ罪で逮捕。男性はこれが５度目の逮捕となったが個人情報保護法の観点から３年を超えると処分歴が開示されないため、今後も教員免許を再所得できることが問題視されている。

大手ベビーシッターマッチングアプリに登録していた男性２人が、預かり中の小児への強制わいせつ容疑で逮捕される。容疑者A（31）は該当シッター先以外でも５歳～11歳の男児20人以上への性暴力が認められ、懲役20年（控訴中）。容疑者B（30）は、保護者が在宅勤務中の隣室で少女への犯行に及び、懲役３年（保護観察付き執行猶予５年）の判決。容疑者は内閣府や東京都の認定シッターだった。

2021年

東京都の学習塾で個別指導を受けていた女児にわいせつな行為をした

2018年

千葉県で小学校の教諭（34）が、スマートフォンのサイトで知り合った小学生の女児に上半身が裸の写真を撮影、送信させたとして逮捕される。女児の母親の通報で発覚した。

京都府で小学校の教諭（46）がインターネットのゲームで知り合った小学5年生の女児に性的暴行を加えたとして逮捕される。容疑者は暴行の様子を動画に撮影して保存していた。

三重県で会社員の男性（28）が男児に対してわいせつな行為をしたとして強制性交等罪の疑いで逮捕される。男児はスポーツ施設の更衣室で、ひとりで着替えているところを襲われた。

千葉県で小学校の教諭（34）が小学生の女児に性的暴行を加えたとして逮捕される。女児は容疑者がかつて勤務していた小学校の児童で、ほかにも多数の女児のわいせつな動画が見つかった。

愛知県で特別支援学校の教諭（34）が小学生の男児にわいせつな行為をして逮捕される。私的に参加したキャンプや旅行で複数の男児の下半身を触るなどの行為をくり返していた。

神奈川県で小学校の教諭（31）が小学6年生の女児にわいせつな写真を撮影させてインターネットで送らせたとして逮捕。女児は奈良県在住で、SNSをとおして知り合っていた。

熊本県で小学校の教諭（46）勤務先の小学校で女子児童に自分の体を触らせるなどのわいせつ行為をしたとして逮捕される。児童ポルノを見て触らせたいと思うようになったと供述した。

新潟県で、小学２年生の女児が殺害され、遺体が線路内に遺棄された。逮捕された20代の男性は、同年４月にも別の少女を連れ回すなどして書類送検されていた。

2019年

栃木県で塾の講師（32）が小学校高学年の女児に性的暴行を加えたとして強制性交の容疑で逮捕される。女児が保護者に相談し警察に通報して発覚した。

群馬県で大学3年生(21)が、保育園の屋外プールで園児数人の着替えを盗撮していたとして逮捕される。小さい女の子に興味があり、性的欲求を満たすためだったと供述した。

京都府で、7～15歳の男の子にわいせつな行為をしたり動画を撮影したりしたとして、ダンサーの男(28)ら男性5人が児童買春・児童ポルノ禁止法違反などで逮捕された。被害者は47人に上る。インターネット上に動画が出回り、国際刑事警察機構(ICPO)の目に止まって発覚。

2017年

愛知県で小学校の教諭(45)が、女子児童の体を背後から触るなど性的暴行を加えたとして逮捕される。小学生に対する過去の同様の犯行も明らかになり合計で3度逮捕された。

神奈川県でマッサージ店の経営者(49)が小学6年生の女児を雇って性的なサービスをさせていたとして逮捕される。駅前で女児に声をかけて雇い、多数の客の相手をさせていた。

千葉県で小学校の保護者会の会長をしていた男性(46)が、同じ小学校に通うベトナム国籍の女児を性的暴行し殺害、死体を遺棄したとして逮捕される。自身の子どもも同小学校に通っていた(千葉小3女児殺害事件)。

兵庫県で小学校の教諭の男性(25)が担任をしていた複数の男子児童の体を触るなどのわいせつ行為をしたとして逮捕される。教室で犯行に及んでおり4人の男児が被害にあった。

愛知県で臨時講師の男性(30)が、勤務先の小学生の女児に性的暴行を加えたとして逮捕される。同様の事件で逮捕歴があったが改名して経歴を隠し、講師に採用されていた。

神奈川県で職業不詳の男性(27)が小学6年生の女子児童をホテルに連れ込みわいせつ行為をしたとして逮捕される。容疑者と被害者はスマートフォンのサイトで知り合っていた。

鹿児島県で介護職員(20)の男性が、10歳の小学生の男児に性的暴行を加えたとして逮捕される。

北海道で学童保育所の指導員(38)が、同所に通う小学生の女児に性的暴行を加えていたとして逮捕される。保護者らの通報によって事件が発覚、ほかにも複数の被害が確認された。

埼玉県で、自称ベビーシッターの男が、2歳の男の子とその弟を預かり、兄を窒息死させたとして逮捕された。容疑者は多くの乳幼児に対する児童ポルノ禁止法違反や強制わいせつで起訴されていた(富士見市ベビーシッター事件)。

2015年

群馬県の警察官の男性(24)が10歳の女児を、知り合いを装い車で連れ去ろうとして逮捕される。警察所が所有する住民情報を利用しており、個人情報保護法違反の容疑でも逮捕された。

福岡県で大学生(19)が小学生の女児を紐で縛りそのまま放置したとして逮捕される。女児に外傷などはなく、容疑者は子どもを紐で縛ることで性的興奮が得られたと供述した。

東京都の卸売業の経営者などが小学生をモデルとした「着エロ」動画を販売したとして逮捕。1年前の法改正で着衣の状態でも児童ポルノと判断されうることが明確化されていた。

10歳の女児を誘拐し、強制性交した上で殺害し、遺体を遺棄した罪で40代の男性に無期懲役。被告人には1996年から約3年間、連続強姦事件を起こして服役した経験があった。

2016年

大阪府警は小学生の男児の着替えの様子を撮影したとして小学校講師(33)と、それらを受け取った小学校教諭(35)を逮捕。それぞれ数万点の男児のわいせつな画像や映像を所有していた。

熊本県で小学校の教諭(44)が勤務先の女子児童の体に触るなどし、強制わいせつの容疑で逮捕される。指導のためのスキンシップと称し、犯行がエスカレートしていった。

茨城県で学童保育所の経営者の男性(31)が、通っていた小学生の男児に性的暴行を加えたとして逮捕される。容疑者は犯行を知った同僚の職員に促されて警察に出頭した。

2012年

新潟県で小学校教諭(51)が勤務先の小学校の女子トイレにビデオカメラを設置し撮影したとして逮捕される。それらのわいせつ映像をインターネットにアップロードもしていた。

2013年

京都府で保育士の男性(25)が小学生の女児を自宅のアパートに連れ込み、性的暴行を加えたとして逮捕される。被害者は勤務先の保育園児の姉にあたり容疑者と面識があった。

長崎県で無職の男性(38)が小学生の女児を車のなかに連れ込んで、性的暴行を加えたとして逮捕される。警察発表では被害者の特定を避けるために容疑者の実名を明かさなかった。

愛媛県で保育士の男性(31)が勤務先の福祉施設で利用者の小学生の男児の体を触るなどして強制わいせつの容疑で逮捕される。被害者の男児の家族が被害届を出して発覚した。

北海道で無職の男性(49)が知人の子どもの小学生女児に性的暴行を加えたとして逮捕される。容疑者は未成年に対する買春でも逮捕されていた。

2014年

神奈川県で児童相談所の職員の男性(28)が勤務先で、保護中の男児や女児を寝ている間に服を脱がせて撮影したとして逮捕される。職員は着替えや入浴の手伝いを担当していた。

石川県で無職の男性(22)が小学校に侵入し、男女の児童の上履きを盗んだとして逮捕される。匂いをかいで性的欲求を満たしたかったと供述、他県での同様の犯行も明らかとなった。

福岡県で自営業の男性(47)が6歳の小学生の女児にわいせつ行為をしたとして逮捕される。女児を共同住宅のトイレに連れ込んで監禁し、体を触らせるなどの行為に及んでいた。

岡山県で養護施設の職員の男性が、入所していた小学生の男児の下半身を触るなどの性的暴行で逮捕される。ひとりで宿直勤務をしているときに寝ている児童に対して行っていた。

福岡県で英会話学校の経営者（70）が生徒に対して性的暴行を加えたとして逮捕される。性教育のためにやったと供述、20年間にわたり50人以上の生徒に被害があった。

福岡県で40代の小学校の教諭が、教え子をホテルに連れ込み強姦したとして逮捕される。教え子に慕われていることを利用して徐々に犯行をエスカレートさせていった。

全国で、インターネットを通して多数の小学生の児童ポルノ画像をやりとりしていたグループの10人以上が逮捕される。

東京都で小学校の教諭（29）が、帰宅した小学生の女児が家に入るところを背後から襲い、家のなかに押し入って性的暴行を加えた後、衣類を盗んで逃走するなどの十数件の容疑で逮捕される。

岡山県の児童養護施設で職員（24）の男性が、入所している小学生の男児に性的暴行を加えたとして逮捕される。スキンシップと称して日常的に多数の男児の体を触るなどしていた。

北海道で小学校の教諭（39）が女子児童に性的暴行を加えたとして強制わいせつ容疑で逮捕される。

京都府で僧侶の男性（39）が12歳の女児に3万円を渡してわいせつ行為をし、写真を撮影したとして逮捕される。押収したパソコンからほかにも数十人のわいせつ画像が発見された。

タイで現地在住の日本人男性（65）が男児に対する買春容疑で逮捕される。現地の売春組織の顧客で、自宅からは多数の男児のわいせつなビデオテープや写真が押収された。

宮城県などで幼い娘の裸の姿を撮影し、インターネットを通じて販売していたとして十数人の母親らが逮捕される。常連購入者や斡旋者も逮捕されるなど組織化された犯罪だった。

2011年

千葉県で小学校の教諭（37）が勤務先の小学4年生の女子児童にわいせつ行為をし、その様子を撮影したとして逮捕される。容疑者は日常的に女子児童らの体を触るなどしていた。

福岡県で無職の男性（43）が両親不在の知人宅に入り込み、娘の小学5年生の女児に性的暴行を加えたとして逮捕される。被害にあった女児が両親に相談して逮捕に至った。

群馬県で小学校の臨時教諭（42）が勤務先の学校で担任をしていた学級の女子児童をトイレに連れ込み、わいせつな行為をしたとして逮捕される。女子児童は何度も被害を受けていた。

奈良県でアルバイト店員の男性（38）が多数の小学生の女児に体液をかけるなど暴行したとして逮捕される。容疑者は小学生の女児の顔に自分の体液をかけると興奮したと供述。

2008年

広島県で小学校教諭（42）が勤務先で多数の女子児童に対してわいせつ行為や強姦をしたとして逮捕される。4年以上にわたる犯行のうち約100件が有罪とされ懲役30年の判決を受けた。

茨城県で中学校教諭（38）が、顔見知りの小学5年生の女児に対する強姦容疑で逮捕される。両親も教師をしており、勤務先の中学校の生徒からは熱心な先生と見られていた。

愛知県で中学校の教諭（50）が多数の小学生の女児を脅迫して暴行し、さらに強姦したとして逮捕される。中学生の買春容疑で逮捕され、家宅捜索で犯行の映像が見つかり発覚した。

東京都で医師の男性（32）がバレエの教室に通う小学生の女児に性的暴行を加えたとして逮捕される。バレエ教室の前で待ち伏せして犯行に及ぶなど十数人の児童が被害にあった。

2009年

愛知県で小学校の教諭（28）が、複数の女児にわいせつな行為をしたとして逮捕される。自宅のパソコンからは多数の小学生とみられる女児を撮影した画像や動画が発見された。

2010年

福岡県で無職の男性（45）が小学校に侵入したとして逮捕される。自宅のパソコンから数千点の小学生のわいせつ画像が発見され、10人以上の児童が被害にあっていたことがわかった。

愛媛県で市の職員(47)がスポーツ少年団に所属する複数の小学生の女児の服を脱がせるなどして逮捕される。ほかにも8人の児童に被害があったことが児童の訴えでわかった。

広島県で無職の男性(33)が小学1年生の女児に性的暴行を加え殺害し、段ボール箱に入れて死体を遺棄したとして逮捕。容疑者には海外での女児に対する性的暴行容疑があった(広島小1女児殺害事件)。

高知県で玩具店経営者の男性(57)が多数の小学生の男児の体を触るなどのわいせつ行為をしていたとして逮捕される。客として来店した男児を事務所に連れ込んで性的暴行に及んでいた。

2006年

奈良県で会社員(42)が、自転車に乗る小学生に対して故意に自動車をぶつけて病院に運ぶふりをして性的暴行を加えるなどして逮捕される。ほかにも十数件の性的暴行や強盗を働く。

鹿児島県で公立学校の教諭(28)が他校の小学3年生の女児に性的暴行を加えようとしたとして逮捕。過去に十数件の犯行があり、逮捕時には別の事件の裁判の公判中だった。

鹿児島県で会社員(36)が、顔見知りの小学6年生の女児に、性的暴行を加えようとした疑いで逮捕される。ドライブに誘い出し、駐車場に停めた車のなかで犯行に及んだ。

大阪府で無職の男性(44)が、同じマンションに引っ越してくるなどと嘘をつき、小学生の女児に性的暴行を加えたとして逮捕される。ほかにも30件の性的暴行事件を起こしていた。

2007年

長野県で無職の男性(31)が小学6年生の女児に性的暴行を加えたとして逮捕される。容疑者は過去に児童買春、児童ポルノ禁止法違反の容疑などで何度も逮捕されていた。

鹿児島県で自営業の男性(70)が、顔見知りの小学6年生の女児に性的暴行を加えたとして逮捕される。容疑者はほかの事件で児童福祉法違反により逮捕されていたが処分保留中だった。

2002年

千葉県で小学校教頭の男性(51)が、監督をしていたスポーツクラブに所属する小学５年生の女子児童に抱きつくなどのわいせつ行為をしたとして逮捕される。他の児童の被害も確認された。

2003年

千葉県で小学校の教諭（28）が勤務先の学校で、女子児童らが水泳の授業のために脱いだ下着を撮影したり、トイレにカメラを設置して盗撮したりするなどして逮捕された。

2004年

香川県で男子高校生（18）が下校途中の小学生の女児を物陰に連れ込んで、体を触るなどわいせつな行為をしたとして逮捕された。

奈良県で新聞販売店従業員（36）が小学1年生の女児を誘拐、殺害したとして逮捕される。自宅から多数の幼児のポルノビデオや下着が見つかった。のちに死刑判決を受け執行された（奈良小1女児殺害事件）。

福岡県や佐賀県で小学生の男女14人に対する性的暴行などで33歳の男性が逮捕される。17歳のときに最初の事件を起こし収監されたが、出所後に数十件の再犯を犯していた（福岡・佐賀連続児童わいせつ事件）。

千葉県で小学校の教諭（46）が知的障害を持つ女子児童に対してわいせつ行為をしたとして強制わいせつの容疑で逮捕される（知的障害があるため被害者の証言に信用性が乏しいとして無罪判決となる）。

2005年

山梨県で無職の男性（61）が小学5年生の女児に声をかけ、性的暴行を加えようとしたとして迷惑防止条例違反で逮捕される。ほかの児童からの目撃情報によって逮捕に至った。

京都府で宗教法人の牧師（61）が、多数の信者の家族の女児に対して性的暴行を加えたとして逮捕される。高位の牧師の立場を利用して小中学生に対しわいせつ行為を繰り返していた。

静岡県で会社員（20）が下校途中の小学生の女児を車で連れ回したとして、わいせつ略取と傷害の容疑で逮捕される。報道された性的暴行事件のニュースを見て感化され犯行に及んだ。

1997年

神奈川県で会社員（54）が数十人の小学生の女児に対し体を触るなどしたとして強制わいせつ容疑で逮捕される。「いつかは捕まると思っていたが、やめられなかった」と供述。

兵庫県で、当時14歳だった男性が児童を次々と襲い、２人を殺害、３人を負傷させた。「酒鬼薔薇聖斗」と名乗ったことで世を震撼させ、偏執的な自慰行為と猫の惨殺などをくり返していたことが、のちに手記からわかった（神戸連続児童殺傷事件）。

1998年

神奈川県で小学校の男性教諭(26)が、担任をしていた３年生の女子児童に性的暴行を加えたとして逮捕される。他の児童がプールの授業を受けている間に呼び出して犯行に及んだ。

1999年

埼玉県でタクシー運転手（48）が複数の小学生の女児に性的暴行を加えたとして逮捕される。遊んでいる女児に声をかけて車に連れ込み、わいせつな行為をくり返していた。

2000年

鳥取県で県職員（28）が下校途中の小学生の女児に下半身を見せたり触らせようとしたりするなどし、強制わいせつ容疑で逮捕される。逃げる女児を車で追い回して犯行に及んでいた。

新潟県で、母親と二人暮らしをしていた引きこもりの男（28）が、９歳の女子児童を誘拐し、9年２ヶ月にわたって自室に監禁していた。最高裁にて懲役14年を言い渡され、2016年に出所。服役中に障害者手帳を入手（新潟少女監禁事件）。

2001年

埼玉県で児童施設の男性職員(50)が勤務先で、６歳の女児の体を触るなど性的暴行を加えたとして強制わいせつの容疑で逮捕される。女児は施設に遊びにきているところを襲われた。

我が国における過去20年の主なペドフィリア関連の事件

1988年

東京都の住宅街などでNHKの職員（37）が小学生の女児数人のわいせつな写真を撮影していたとして逮捕される。住宅街で女児らに声をかけるなどして犯行に及んでいた。

1989年

東京都や栃木県で大学2年生（21）が小学生の女児数十人を誘拐、性的暴行を加えるなどして逮捕された。自宅から多数の女児の水着や下着、児童ポルノ雑誌が押収された。

東京都で家業手伝いの男性（27）が、女児4人を誘拐、殺害、死体遺棄したとして逮捕される。犯行声明があり、その犯行の異常性からメディアで大きく報道される（東京・埼玉連続幼女誘拐殺人事件）。被告人は2008年に死刑執行。

1992年

福岡県で小学1年生の女児2人が行方不明となる。のちに殺害され、遺体が遺棄される。事件前後の不審者の目撃情報などから1か月後、近隣に住む無職男性（34）が逮捕された（飯塚事件。死刑執行後、親族により再審請求されるが却下される）。

当時39歳の男性が、東京都と長崎県で女子中学生２人を殺害、東京の事件で懲役17年、長崎の事件で懲役15年の判決を受ける。2012年に出所、翌年には成人女性にわいせつ行為をして服役。再び出所後に女児の下着や運動靴を盗み、また７歳女児にわいせつ行為をし、2019年、懲役7年の判決が言い渡された。

1994年

埼玉県で会社社長（60）と無職の男性（63）が小学4年生の女児に性行為を見せ撮影させるなどして強制わいせつ容疑で逮捕される。女児の父親は容疑者の会社社長に雇用されていた。

≪参考文献≫

・榎本稔、斉藤章佳ほか『性依存症の治療』 金剛出版 2014
・榎本稔、斉藤章佳ほか『性依存症のリアル』金剛出版 2015
・斉藤章佳『男が痴漢になる理由』イースト・プレス 2017
・斉藤章佳『万引き依存症』イースト・プレス 2018
・斉藤章佳『性犯罪治療の現場から』アディクションと家族 2018
・斉藤章佳『性犯罪治療の現場から〜性犯罪者の包括的地域トリートメント〜』アディクションと家族 2019

・斉藤章佳『性犯罪の中でも小児性愛は別格である』 https://ironna.jp/article/7114
・斉藤章佳『小児性犯罪者たちの「おぞましき飼育欲」その実態』 https://gendai.ismedia.jp/articles/-/56389

・斎藤環『メディアとペドフィリア』アディクションと家族 2008
・磯崎由美『加害者を作り出すもの〜子どもを狙う性犯罪の取材から〜』アディクションと家族 2008
・ヤコブ・ビリング『児童性愛者』解放出版社 2004
・越智啓太『子供に対する性犯罪に関する研究の現状と展開（1）』法政大学文学部紀要 2007
・G・アラン・マーラット他、原田隆之訳『リラプス・プリベンション』日本評論社 2011
・融道男ほか監訳『ICD－10』医学書院 2005
・高橋三郎ほか監訳『DSM－5』医学書院 2014

著者プロフィール

斉藤章佳（さいとう あきよし）

精神保健福祉士・社会福祉士/大森榎本クリニック精神保健福祉部長。
1979年生まれ。大学卒業後、アジア最大規模といわれる依存症施設である榎本クリニックにソーシャルワーカーとして、アルコール依存症を中心にギャンブル・薬物・摂食障害・性犯罪・児童虐待・DV・クレプトマニアなどあらゆるアディクション問題に携わる。その後、2016年から現職。専門は加害者臨床で「性犯罪者の地域トリートメント」に関する実践・研究・啓発活動を行っている。また、小中学校での薬物乱用防止教室、大学や専門学校では早期の依存症教育にも積極的に取り組んでおり、全国での講演も含めその活動は幅広く、マスコミでもたびたび取り上げられている。著者に『性依存症の治療』（金剛出版）、『性依存症のリアル』（金剛出版）、『男が痴漢になる理由』（イースト・プレス）、『万引き依存症』（イースト・プレス）がある。その他、論文多数。

「小児性愛」という病――それは、愛ではない

2019年11月20日　初版第一刷発行
2023年7月14日　初版第三刷発行

著者　斉藤章佳

ブックデザイン　片岡忠彦（ニジソラ）
本文デザイン　秋本さやか（アーティザンカンパニー）

構成　三浦ゆえ

校正　櫻井健司（コトノハ）
編集　小宮亜里　黒澤麻子
年表作成　中井良実

営業　石川達也

発行者　小川洋一郎
発行所　株式会社ブックマン社
〒101-0065　千代田区西神田3-3-5
TEL　03-3237-7777　FAX 03-5226-9599
http://www.bookman.co.jp/

ISBN978-4-89308-926- 7
印刷・製本：図書印刷株式会社